智能化时代新型武器

装备发展与运用

张 羣　张国敏　主编

武汉大学出版社

图书在版编目(CIP)数据

智能化时代新型武器装备发展与运用/张犟,张国敏主编.
—武汉:武汉大学出版社,2024.11
ISBN 978-7-307-24113-8

Ⅰ.智… Ⅱ.①张… ②张… Ⅲ.武器装备管理—研究
Ⅳ.E145.1

中国国家版本馆 CIP 数据核字(2023)第 212558 号

责任编辑:周媛媛 责任校对:牟 丹 版式设计:文豪设计

出版发行:**武汉大学出版社** (430072 武昌 珞珈山)
(电子邮箱:cbs22@whu.edu.cn 网址:www.wdp.com.cn)
印刷:武汉图物印刷有限公司
开本:720×1000 1/16 印张:15.75 字数:181 千字
版次:2024 年 11 月第 1 版 2024 年 11 月第 1 次印刷
ISBN 978-7-307-24113-8 定价:79.00 元

《智能化时代新型武器装备发展与运用》

编委会

主　编　张　犇　张国敏

副主编　刘俊彪　史　飞　李伟健　王　娜

编　者　郭书菊　王正春　杨　材　陈　墨

　　　　尚鸿博　白海慧　鲁伟鑫　李伟华

　　　　赵　林　张心悦　陈　朗

目　录
CONTENTS

第一章　智能化战争发展研判

人类以什么方式生产，就会以什么方式作战。随着人工智能技术的加速运用，智能化正成为继机械化、信息化之后推动军事力量建设发展的强大动力，战争制胜机理和战争规则随之发生变化，智能化战争初见端倪。在智能化军事体系出现萌芽之际，我们必须紧紧跟上时代步伐，强化以智能科技为主导的军事创新。研究世界新型武器装备的发展运用，首先应该对智能化战争的发展作出科学研判。

第一节　人工智能技术发展分析

习近平主席指出，人工智能是新一轮科技革命和产业变革的重要驱动力量，加快发展新一代人工智能是事关我国能否抓住新一轮科技革命和产业变革机遇的战略问题。抢占人工智能技术发展的制高点，是我国一次前所未有的重大挑战，也是一次前所未有的历史机遇，能不能抓住这个千载难逢的历史机遇，关乎国家的前途命运，关乎人民的美好生活，也关乎未来战争的胜负。对此，我们必须高度敏感，积极作为。

一、人工智能的基本概念

人工智能是研究、开发用于模拟、延伸和拓展人类智能的理论、方法、技术及应用系统的一门新的技术科学。其主要研究目标是用机器模仿和执行人脑的某些智力功能，并开发相关理论和技术。一般来说，智能化具有感知能力、记忆与思维能力、学习与自适应能力、行为决策能力等特征。从智能化层次来看，人工智能可分为运算智能、感知智能和认知智能三个层次。

运算智能，指快速计算和记忆存储能力，是感知智能和认知智能的基础。其核心主要是进行科学运算、逻辑处理、统计查询等，以协助存储和处理海量数据。

感知智能，指视觉、触觉、听觉等感知能力，比最基础的运算智能高一个层次。其核心主要是实现机器可"看"懂与"听"懂的能力，并以此为基础辅助人类更高效地完成感知类的相关工作，如图像理解、语言翻译等。

认知智能，指"能理解、会思考"等类人类智能能力，是人工智能现阶段的最高层次。其核心主要在于实现机器自主思考、行动，可全面辅助甚至替代人类工作，强调机器可自主思考、理解、推理、决策，其综合性更强，更贴近人类智能。

二、人工智能的起源与发展

人工智能的探索道路曲折起伏。20 世纪 20 年代，美国数学家维纳将数理关系的理论简化为类理论，推动数学逻辑向机器逻辑迈进了一步。

20 世纪三四十年代，智能界涌现了数理逻辑和关于计算的新思想，并且有相关研究表明推理的某些方面可以用比较简单的结构加以形式化。

20 世纪 50 年代，世界科技发展进入一个新阶段，信息量激增，信息传递速度极大提高，人类的自然智能来不及处理数量巨大的信息，于是开始探索通过计算机执行需要传统人工完成的任务。1956 年夏，美国的达特茅斯大学举办了一场长达两个月的机器模拟人工智能的研讨会，首次提出人工智能 (artificial intelligence, AI) 术语，标志着人工智能技术学科的诞生。

20 世纪 60 年代，人工智能技术快速发展，取得了一批令人瞩目的研究成果，如机器定理证明、跳棋程序等，掀起人工智能发展的第一个高潮。

20 世纪 70 年代，随着计算机技术和集成电路的发展，人工智能技术在专家系统方面得到研究并进入应用开发阶段。由于初期的突破性进展大大提升了人们对人工智能的期望，人们急于尝试更具挑战性的任务，甚至提出一些不切实际的研发目标，结果出现接二连三的失败。比如无法用机器证明两个连续函数之和还是连续函数、机器翻译能把严肃的讣告误翻译成滑稽的笑话等。预期目标的屡屡失败使人工智能的发展一度陷入低谷。

20 世纪 80 年代，人工智能技术推广至化学、管理、石油、军事等领域，并相继成功研发出对应的专家系统，实现了人工智能从理论研究走向实际应用、从一般推理策略探讨转向运用专门知识的重大突破，推动人工智能进入应用发展的新高潮。

20 世纪 90 年代，IBM 开发的超级电脑"深蓝"击败国际象棋世界冠军卡斯帕罗夫，意味着人工智能技术取得了具有里程碑意义的成功。

但随着人工智能应用规模的不断扩大，专家系统存在的应用领域狭窄、缺乏常识性知识、推理方法单一、知识获取困难、难以兼容数据库等问题也逐渐暴露出来。

自 2010 年以来，随着大数据、云计算、物联网等信息技术的蓬勃发展，以深度神经网络为代表的人工智能技术飞速发展，大幅跨越了科学与应用之间的"技术鸿沟"。2017 年伊始，被称为进化版"阿尔法狗"的大师（Master）在围棋网络平台横扫柯洁、朴廷桓、井山裕太等围棋界顶尖高手，豪取 60 连胜，攻克了被称为"人类智慧的最后堡垒"领域——围棋。语音识别、知识问答、无人驾驶等人工智能技术也纷纷实现从"不能用、不好用"到"可以用"的技术突破，迎来爆发式增长的新浪潮。

三、人工智能的未来发展趋势

人工智能作为一种科学技术，其发展必然遵循自然科学规律，依赖现实条件和发展机理是可以对其进行展望和预测的。虽然人工智能的具体技术路线多种多样，未来发展充满无限可能，但发展趋势依然有迹可循。

（一）算力极大提升

新一轮基于大数据和深度学习的人工智能爆发，很大程度上得益于算力的提升。没有超级计算机算力的大幅提升，就不可能完成对海量数据的处理。2019 年，运算能力世界排名第一的超级计算机为美国橡树岭国家实验室的"顶点"（Summit），其浮点运算速度可达 20 亿亿次／秒。然而，随着芯片、能耗等因素的制约，超级计算机算力提升越来越困难，人们开始寻找其他替代方案，于是量子计算逐渐进入人们的视野。2017年5月，中国科学家研制出世界首台超越早期经典计算机的光量子计算机，并实现10个超导量子比特纠缠。2019年8月，浙江大学、中国科学院物理研究所等科研团队合作开发出20个超导量子比特的量子芯片。2019年10月24日，谷歌宣布开发出了54量子比特的超导量子芯片，对一个电路采样100万次只需200秒，而当时运算能力最强的经典计算机"Summit"需要一万年，谷歌率先宣布实现了"量子优越性"（指当可以精确操纵的量子比特超过一定数目时，量子计算机在特定任务上的计算能力就远超经典计算机）。2020年12月4日，中国量子计算机"九章"问世，实现了对具有实用前景的"高斯玻色取样"任务的快速求解，比当时世界上最快的超级计算机快一百万亿倍，确立了我国在国际量子计算研究中的第一方阵地位。目前，谷歌、微软、IBM等跨国企业都在这方面投入巨资，可以预见，未来围绕量子计算机技术研究的国际竞争将更加激烈。这也意味着在人工智能的规模化发展上，算力已经成为决定性的力量。

（二）通用性极大拓展

现行的人工智能在特定领域，如复杂计算、图像识别、语音处理等方面，已远远超过人类。但其局限性也显而易见，那就是难以通用，一个领域的人工智能到了另一领域就会变成"人工智障"。要解决人工智能的通用性问题，就必须发展强人工智能，使机器真正像人一样思考问题。图灵奖获得者朱迪亚·珀尔在《为什么》一书中详细阐述了因果论，其中包含"关联""干预""反事实推理"三个层次，指出当前的人工智能和机器学习只处于最低的第一层，即弱人工智能阶段。机器学习的方法很多，深度学习只是其中之一。第三层次的"反事实推理"是人想象的产物，是人类的特有能力，即强人工智能。珀尔的因果论为强人工智能的研究打开了一扇窗，从理论上指明了人工智能发展的大体阶段和努力方向，极有可能开辟算法理论创新发展的新境界。

（三）可靠性日趋稳定

未来人工智能必须具备良好的可解释性，使其学习模式和相应决策能够被人类用户理解，进而提升人们对人工智能系统的信任度。而现在的机器学习技术尚不能达到人们的期望和要求，即使有时机器已经得出结论，用户也常常不由自主地在心里打个问号，觉得必须人工复检一番才放心。特别是这些人工智能技术运用到辅助决策时，人们的不完全信任感更会成倍增加。用户的需求是人工智能技术发展的前进动力和必然指向。可以预见，将来，人工智能各技术流派之间的交叉融合将更加深入，不同学科领域的交叉融合也将更加频繁。通过取长补短综合各方面、各学科优势，增强人工智能系统的自信度，推动人工智能技术的广泛应用和持续发展。

四、人工智能的军事应用

人工智能发展日新月异，已经渗入生活的各个角落。当前，人工智能越来越多地走上战场，深刻改变着战争面貌。总体看来，人工智能在军事领域的应用主要表现在以下几方面。

（一）智能化感知与信息处理

微机电系统、无线传感器网络技术、云计算技术、低功耗嵌入式技术的飞速发展，使得战场感知手段进一步朝着智能感知与信息融合处理的方向发展。美、俄、法、德等国军队均装备了具有智能化信息感知与处理能力的数字化士兵系统。美国国防部高级研究计划局 2015 财年新增了"大脑皮质处理器"等研发项目，投入应用后大幅提高了机器人、无人机、无人车和无人舰艇的自主能力。

（二）智能化指挥控制辅助决策

各国军队积极开发各种军事信息系统，目的是构建功能强大的栅格化军事信息网络体系，提高智能化评估和辅助决策能力。人工智能辅助决策系统既可按预设的作战规则，与指挥人员共知态势、共同决策、共施调控，又能查清当前态势与作战计划间的细微差别，为指挥人员提供突发情况的应对举措，特别是当系统发现指挥人员存在不足时，能及时提醒，确保作战与指挥活动始终保持正确的方向。

（三）无人化作战平台

西方国家早在第一次世界大战期间就开始重视小型无人机、遥控无人车和无人艇的研发和应用。目前，世界上已有 70 多个国家在发展无人化作战平台，各种类型的无人机、无人车、无人舰艇、无人潜航器在军事领域受到越来越多的青睐。美军近年来进一步加大了无人化军用平台的部署数量，并高度重视有人平台与无人平台之间的协同编组训练。

（四）仿生机器人

21 世纪以来，机器人技术呈井喷式发展，类人机器人、机器狗、机器骡子、机器蛇、机器鱼、机器鸟、机器昆虫等各种仿生机器人不断问世，并在军事领域广泛应用。例如俄罗斯军队近年来计划加紧研制可以驾驶车辆的类人机器人，组建可与人类士兵并肩战斗的机器人

部队，并积极研发可操控机器人集群作战的指挥信息系统。（图1-1）

图1-1　智能机器人将成为未来战场主力军（图片来自中国军网）

（五）拓展人的体能、技能和智能

信息技术、新材料技术和生物技术的交叉融合使得人类对自身的认识越来越深刻，同时人工智能技术的进步使得人的体能、技能和智能进一步得到拓展。早在2000年，美国等发达国家为增强单兵作战能力就提出了外骨骼机器人的概念，也就是对人体外部实施"人工智能"。法国、德国等紧随其后，陆续启动了多个军用外骨骼系统项目，以增强士兵的负载能力和作战能力。美国雷神公司研制的XOS2机械外骨骼系统，被美国《时代周刊》杂志评选为2010年度"最具震慑力"的发明。它采用高压液压驱动，包含各类传感器和控制器，号称"钢铁侠战衣"。法军研制的"大力神"可穿戴式外骨骼系统，能帮助士兵增强在战场上的负重能力和持续作战能力。德国2015年研发的Robo-Mate机械外骨骼系统，包含机械四肢和背部机械支撑架，可在软件帮助下模拟人的行为，将士兵负重能力提升 10 倍，同时还可以保护士兵脊椎免受伤害。

人工智能在军事领域的应用，推动战争形态从机械化向信息化、智能化加速转变。未来战争，谁拥有信息优势，谁就有更大的可能握有作战胜势；谁具有制智能权，谁就更能控制战场；谁控制了对手的认知领域，谁就具备更多"不战而屈人之兵"的条件。与此同时，也不能迷信人工智能可以"包打天下"，要保持战略清醒，用科学的眼光审视人工智能在军事领域的运用。科学回答在不同的发展阶段，"人工智能能做什么""能做到什么程度""还有哪些需要人与人工智能深度融合才能做得更好"等现实问题。

第二节　智能化战争新形态分析

战争形态的演变历程告诉我们，每一次科学技术的重大进步都会推动战争形态的重大变革。以智能化技术为核心的高新技术群正加速进入军事领域，必将深刻改变人类认知、作战思维与作战方式，再一次掀起战争形态的重大变革。科学分析智能化战争新形态，才有可能驾驭正在到来的智能化战争。

一、智能化战争的技术形态分析

技术决定战术。从技术发展的角度分析，目前智能化战争的形态特征主要包括：装备自主化、资源层云化、态势综合化、人机一体化、决策智能化、行动精准化、能力体系化、力量融合化。

装备自主化，就是加速武器装备升级换代和智能化武器装备发展，推进现役武器装备"＋智能"改造和新型武器装备"智能＋"建设，带动武器装备建设实现体系跃升。装备向多功能一体化发展，作战应用会更加灵活，并可遂行多样化军事任务。尽量减少一线作战人员的数量，从根本上降低战斗中作战人员的伤亡比例。与此同时，通过大量使用智能化、无人化装备，使作战部队更加精干。

　　资源层云化，是打破传统隶属关系，通过架构统一、标准一致的网络信息体系，将侦察探测、电子干扰、火力打击、综合防护等作战要素，以及生产、维修、保障、动员等保障能力分层整合，构建全时空覆盖的资源云，并根据作战任务及对抗动态过程变化，对资源云进行访问，进行关联要素自适应重构。提升作战体系的重构性、自愈性、持久性，并尽可能提高对抗的效费比。

　　态势综合化，是围绕支撑多样化武器平台、多军兵种一体化联合作战，以战场海量数据为依托，利用虚拟现实（Virtual Reality, VR）、混合现实（mixed reality, MR）、增强现实（augmented reality, AR）等技术，形成多维度的战场综合态势，并可结合各种建模仿真手段，对态势发展和作战预案进行推演。

　　人机一体化，是采用身份识别、语义识别、行为识别、脑电识别及响应等方式，实现高效的人机交互；通过机器情感表达及作战决策过程可视化，建立人与机器之间的互信交流机制，实现有人系统和无人系统的功能互补、快速联动。

　　决策智能化，是在对物理域、信息域、认知域、社会域的解析及建模的基础上，人机合理分工，利用人工智能技术，快速生成辅助决策信息，并根据指挥和作战人员的意图快速优化，保证决策的快速准确。

行动精准化，是指与作战任务相关的行动将更加精准，战争过程完全可能与战前的模拟预演高度相似。此外，与传统"一击必杀"的精确制导武器相比，智能化打击手段的效果更加多样，并可根据不同作战任务对打击效果进行精确控制。

能力体系化，是围绕智能化战争的可能样式及不确定的战场环境和对抗手段，依托陆、海、空、天多种有人/无人作战平台，形成多层次配系、多途径可选的体系化能力。

力量融合化，是将多军兵种力量整合形成体系，形成集群自组织攻防、多任务一体化等能力。将多种作战力量及支撑作战的配套保障条件等进行深度融合，提升多目标对抗、主被动干扰对抗、物理域/虚拟域一体对抗等能力。

二、智能化战争的作战形态分析

从人类社会发展和战争方式的广义角度分析，智能化战争的形态特征主要包括以下四个方面。

（一）武器装备泛在云联

从一定意义上说，设计装备就是设计战争。习近平主席指出，人与装备已经高度一体化，重视装备因素也就是重视人的因素。智能化武器装备是智能化战争形态的一个重要标识，与人在功能上深度结合，是广泛依附在虚拟网端节点、共用一个"云端大脑"的各个智能单元组成的网络共同体。一是功能完备、随遇接入。组成武器系统的各功能单元，围绕"侦、控、打、评、保"各个环节，能够随遇接入云端，随需发挥效能，按照统一的目标、规则和接口，链接为一个有机整体，使武器系统功能完备，效能突出。二是物理分散、逻辑集中。每件智能武器往往是一个独立作战单元，可以单一个体或作战集群形式广泛存在和非线性部署，看似分散零乱、毫无章法，实则基于效果、符合逻辑、形散神聚，为最终实现指挥员意图服务。三是平台无人、自主适应。"平台无人、系统有人，前线无人、后方有人，行动无人、指控有人"是智能化作战系统的基本特征。虽然智能武器依然是依附于人、听命于人，但其具有"有限主观能动性"，表现出一定的"会思考、能辨析、自适应"能力，能够在广域战场感知网络支撑下，在预定的作战规则约束下，自主搜索、识别和攻击目标，实现"发现即摧毁"的目的。

（二）作战方式人机协同

人类擅长归纳、推理、决策、指挥等艺术性要求高的活动，具有主动性、思想性、创造性等优势，但受恶劣战场环境带来的生理和心理影响大，容易产生恐惧、疲劳、遗忘等。机器擅长搜索、存储、计算、优化等技术性要求高的活动，具有精准性、快速性、重复性等优势，适于单调、烦琐、危险的任务，但被动听命、依靠算法、部署复杂。二者优势互补、双向互动、协同作战、共生并行，将带来全新而独特的作战方式。一是以量增效的蜂群战。集中使用大量低成本无人作战力量平台，以类似蜂群的组织方式实施作战。未来，可将昂贵的武器系统分解为数量众多、尺寸小巧、成本低廉、分布广泛的无人平台，采取集群饱和攻击的方式对作战目标展开高效打击，将数量优势转化为质量优势。二是隐形预置的木马战。运用无人作战力量，隐蔽机动至预设位置，根据作战需要激活并融入作战体系实施作战行动。智能化作战单元可借助科学运算设计规划，充分发挥小型、无人等特殊优势，采取多种手段隐形预置于战场适当位置，等待时机发挥作战效能。

预置智能化作战单元要与外围作战力量相协调，适时激活协同作战。采取信息遥控、自我启动等方法由待机状态转为激活状态，按照预设程序或实时指令投入作战。三是无人指挥的自主战。未来作战行动隐蔽、速度极快，仅靠指挥员难以及时应对，需要无人作战单元自主感知、判断、决策，弥补指挥员的短板。首先，自主感知。根据作战需要自主获取战场情报信息，并共享于作战体系中。其次，自主决策。依据实时战场信息，自主做出态势判断，形成与作战任务相匹配的作战方案。最后，自主行动。无人作战单元按照既定方案进行作战，并将作战效果反馈至指挥控制中心。四是破节击要的失能战。运用无人作战平台瞄准敌作战体系链路、节点、中枢等关键部位，精确毁点、瘫敌体系、降敌效能。主要有两种行动：第一，广泛精打全面毁瘫。利用无人作战力量广泛分布、自主作战的特点，对敌作战体系同步展开"点穴"行动，将敌作战体系由整体还原为个体、由有序状态退变为无序状态。第二，定向攻击强行切断。以智能武器装备运用车载式激光、电磁脉冲、微波等新机理武器，对敌作战体系重点目标、核心部位进行精准摧毁，瘫敌作战体系，毁敌作战功能，直接达成作战目标。

（三）制胜机理算法为先

算法作为用系统的方法描述解决问题的策略机制，是提高智能优势的关键和前提。伴随战争形态的发展，机械化战争大规模兵团作战对作战要素数量的要求，以及信息化战争基于网络信息体系作战对作战要素质量的要求，发展为智能化战争人机协同作战对智能武器数量、质量并重的要求。一是算法引领战法创新。从拿破仑时代炮兵的弹道计算到信息化战争全域多维的战法设计，对思维复杂度和思维广度的要求已经超越了指挥员和参谋群体的大脑容量。美军一直在致力于用人机结合的方式，让具有普通智商的指挥员创造出朱可夫、巴顿等名将的杰出战法。所谓智能化军队某种意义上就是通过算法在广大空间，甚至在全域多维空间里搜索出若干条绝妙的突击路线，比再精明的将领都要细致百倍，因为这是机器在穷遍所有人能想到的可能后做出的选择。算法越来越多地替代人脑，反之，人脑越来越代替不了算法。二是算法控制自主交战。现代战争发现即摧毁和发射后不管等现象导致战场形势瞬息万变，这都归功于算法对战场的有力控制。科索沃战争中南联盟战机起飞即被击落，在空战中根本来不及反应。因为北约预警机装备了多目标火力分配软件，战斗机装配了战场协同交战软件，形成了空中指挥员利用算法自动控制空战的新局面。由此出现，一方是自动交战，一方是人工交战，空战中人的判断和协同与算法自动运行的精度差、速度差导致"一边倒"的空战结局。事实证明，真正的体系对抗实际是大量算法在计算机网络上运行的结果，算法控制战场是全域多维作战的必然选择。三是算法对抗产生更高级的作战。如果说"一战"是化学战，"二战"是物理战，海湾战争是信息战，那么伊拉克战争以后就是算法战、数学战。因为各种新型作战力量正前所未有地以数学方式改变战场格局。以网络兵、太空兵为代表的新型作战力量都有一个共同特点，那就是坐在电脑前操纵鼠标，调度算法库中的遗传算法、目标优化算法、目标跟踪算法，随时选择和改进算法来作战。从密码战发展到网络战，黑客侵入和病毒都是算法，算法不仅是战法创新的工具，而且有些算法已经成为可以直接对抗的武器。以网络战为例，一边是密码安全专家在编写最新的加密算法，另一边是黑客正千方百计突破面前的防火墙，算法对抗主导着网络战争。太空战同样如此，一方在编写天基攻击算法，指挥一颗攻击卫星撞击敌人的通信卫星，另一方则在编写规避算法控制通信卫星移动躲过攻击卫星碎片的撞击。这就是智能化战争的基本形态，把战争艺术建立在数学方法之上不再只是一种想象。

（四）战争主体主观能动

当今世界，军队的智能化程度越来越高，智能化无人作战力量正在成长为未来智能化战争的重要力量，能够实现从战略到战术的无缝衔接，形成多维一体、全域攻防、快速突击的整体合力。然而，作为战争主体的人因特有的主观能动性，依然牢牢掌握着战争的"开火权"，依然是智能化战争回路中的主体性和决定性因素。在大数据、深度学习算法、智能芯片的催化下，人工智能模拟表现了人类的智慧动力，但人的创造力、思维力和临机处置事态的能力是机器目前只能无限接近却无法超越的。一是人的独特价值体现为战争决定者。毛泽东同志指出："武器是战争的重要的因素，但不是决定的因素，决定的因素是人不是物。"随着人类文明的进步，战争更加凸显理性，很多打打停停的"政治军事仗"，尤其需要人来精心把握打停时机、规模层次、样式烈度等。智能武器虽具有自主侦察、定位、识别、打击等功能，但在战场上如何排兵布阵、如何选定作战方向、如何聚集体系作战能力等，仍然需要依靠人决策。二是人的优势价值体现为战争设计者。人不再是战争的主要实施者，不再以战场前沿主要对抗力量的形式存在，而是更多地将作战思想以预存数据、逻辑算法、辅助软件的形式提前物化到智能武器中，将其作战意图交由智能武器来贯彻执行，以此达成预定作战目标。三是人的主要价值体现为战争指挥者。在"人在回路"的指挥控制体系中，人作为"观察—判断—决策—行动"这一决策循环中最具主观能动性的主体，始终居于核心主导地位。在组织、计划、控制、协调和谋略运用等艺术性强的活动中，人能够综合和权衡各种因素实施指挥。

第三节　智能化战争新特点分析

智能化战争是在机械化战争和信息化战争基础上发展起来的，虽然包含了机械化战争和信息化战争的很多内容，但在最终作战效果和表现形态等方面，却表现出许多与传统战争迥异的特点，主要包括以下几方面。

一、高　阶

智能化战争的高阶特点表现在作战能力、手段、策略和措施等诸多方面，融合了人类智慧，接近于人类智能，超越了人类极限，发挥了机器优势，充分体现了先进性、创新性和颠覆性。这种进步不是以往战争演进简单的延长线或增长量，而是一种质变和跃升。从社会学来说，这种本质的跃升是时代的差距、发展阶段的差别。从技术角度分析，高阶体现了智能化战争具有传统战争形态不具备的"类脑"功能和很多方面"超越人类极限能力"的特征。神经网络是类脑的产物，深度学习可以在海量信息中以人类无法企及的速度快速提取相似性目标特征，"蜂群""狼群""鱼群"等无人化集群自协同的超级进攻能力是仿生技术和智能科技发展的必然结果。尤其值得重视的是，基于网络化传感系统和分布式军事云中的数据、模型、算法而衍生的具有学习和进化功能的高级 AI，不断优化迭代，终有一天会超过普通士兵、参谋、指挥员甚至专家群体，成为"超级大脑"和"超级脑群"。其中，最出色的 AI 有望成为战无不胜的智能系统、智能机器人，这是智能化战争高阶特点的核心，是认识论和方法论领域的技术革命，是人类可预见、可实现、可进化的高级作战能力。

二、多　　维

智能化战争的多维特点也体现在很多方面。一是时空多维，从陆、海、空、天到网电、心理、社会、生物等多领域，实体和虚拟融合互动；从平时的战略威慑到战时的高强度对抗，时间跨度从年、月、天、小时，到分、秒、毫秒甚至微秒、纳秒。二是使命多维，既包括物理空间各军兵种的交战，也包括虚拟空间网络攻防、电子对抗、舆情感知与引导、心理攻防等认知对抗，还包括全球公共安全治理、区域经济与安全合作、反恐维稳、抢险救援等任务，以及对网络、通信、电力、交通、金融、物流等关键基础设施的管控。三是能力多维，作战能力由侦察、感知、指控、机动、突击、火力、防护，拓展到开源信息利用与争夺、赛博与认知对抗、无人化与集群对抗、高超声速与精确毁伤、虚实互动与平行作战、生物交叉与人机智能交互等领域，拓展到全维感知、智能决策、自主协同、精确保障和学习进化等功能。

三、自　　主

智能化作战的自主特点主要体现在以下方面。一是战场态势自主感知。以多维空间的侦察、感知等智能化技术手段为基础，自主获取敌、我、友兵力部署、武器装备和战场环境等情报信息。二是作战设计自主交互。根据指挥员意图，基于战场情报信息，计算提供多套作战方案或计划供指挥员选择。包括进行战场态势判断、提出作战方案和验证作战方案。

三是作战任务自主规划。无人作战系统能够基于筹划阶段的决心方案，自主生成作战行动总体计划和分支计划；基于实施阶段的动态决心，自主调整作战计划或生成新的作战计划。包括全程动态自主生成作战计划和自动验证作战计划。四是作战行动自主实施。无人作战系统在联合作战体系的支撑下，自动侦测、识别目标信息，并根据目标的性质、位置、大小、状态等，自主展开攻防行动，实现作战效能精巧释放。包括自动接收任务与目标需求、自主计算与匹配作战要素、精巧释放体系作战效能。五是作战协同自主联动。无人作战系统依托共享信息，围绕同一作战目标，自主同步地调整各自的作战行动，达成行动上的协调一致和功能上的耦合放大，最终实现作战体系内的不同作战要素、作战单元行动的同频共振。主要包括信息域的同步共享、认知域的同步交流和行动域的同步联动。六是作战效果自主评估。无人作战单元可自主完成打击效果信息的采集汇聚、分级分类，进行基于大数据的分析比对，精准获取毁伤效果，并依据效果做出下一轮打击决策。包括对打击目标实时状态进行嵌入式评估、对打击目标实时状态进行大数据分析，以及对技侦手段提供的毁伤信息进行分析判断。

四、涌　　现

涌现是指复杂系统内每个个体都遵从局部规则，不断交互后，以自组织方式产生整体质变的过程。智能化战争由于网络信息传播速度极快、范围极广，非线性涌现特点将体现在很多领域和场合。凡是数量巨大的互联用户和对象，凡是短时间内迅速传播的事件，凡是事先经过机器学习和大量仿真训练的任务，都可能存在井喷式涌现效应。从技术上看，主要体现在舆情变化、网络对抗和快速感知、集群攻防等方面。未来作战体系的力量构成，呈现分布式、网络化、扁平化、自适应、自协同等特点，具备"一点采集、集群共享""一处示警、群起围攻"等涌现效应。未来战场信息虽然复杂多变，但通过图像、语音、视频等机器学习处理后，通过大数据技术与相关信息快速关联，并与各类武器系统快速铰链后，通过心理战或集群打击，能够实现"发现即摧毁"和"数量优势滋生心理恐慌效应"。在网络心理战和媒体舆论煽动方面，美军已多次取得实战经验。比如，在利比亚战争和突尼斯骚乱中，美军采取"集中爆料"，通过维基解密和使馆人员公开证明材料，爆料卡扎菲家族海外资产和本·阿里总统腐败奢侈的证据，造成舆情急剧反转，社会剧烈动荡，利比亚很快成立了反政府武装，在以美国为首的北约支持下，卡扎菲政权最终政息人亡；突尼斯国内掀起了此伏彼起的反政府风暴，本·阿里政府也迅速垮台。

五、快 速

快速，历来是战争发展追求的重要目标，也是检验智能化作战效果一个极为重要的标准。智能化时代的快速与机械化时代的快速完全不同，它既包括物质流、信息流、能量流的快速，也包含"观察—判断—决策—行动"整个闭合回路的快速，特别是智能感知、作战任务自适应规划与自主决策、自主协同的快速，而不仅仅是平台机动和火力打击的快速。机械化战争通常是以大吃小、以多胜少，信息化战争尤其智能化战争则转变为以快吃慢、以智胜愚。其中，"快"是制胜的关键。智能化的优势很大程度也体现在"快"上。2016 年，美国辛辛那提大学研发的人工智能飞行员"阿尔法 AI"，采用逻辑模糊算法，通过大量的自我对战和与对手交战后，在模拟空战中多次击落美国空军战术专家驾驶的模拟战机，展示了人工智能在知识积累、快速计算、不知疲倦、准确重复等方面碾压人类的优势，以及在未来作战中的巨大潜力。人工智能飞行员"阿尔法 AI"之所以能轻松战胜人类顶尖飞行员，主要原因是在空中格斗中战法变化的速度比人类快了数百倍，机器的反应时间仅需 1 毫秒，极优秀的飞行员要 250 毫秒，普通人通常要 400～500 毫秒。智能化战争节奏加快、时间压缩、过程变短的趋势日益凸显。其快速识别处理海量信息、快速响应战场态势、快速制定决策方案的优势，远非人力可及。全维感知、智能决策、自主协同、无人集群的突飞猛进，给作战体系超出人类自然能力和现有技术瓶颈的"快"提供了可能。感知快、决策快、行动快、保障快，成为智能化战争制胜的重要砝码。

六、进　　化

进化是智能化战争和作战体系的一个鲜明特点，也是未来战略竞争的一个制高点，主要体现在以下四个方面。一是人工智能的进化，随着数据和经验的不断积累，人工智能必然不断优化、升级、迭代。二是作战平台和集群系统的进化，主要从有人控制为主向半自主、自主控制迈进。不仅涉及平台和集群控制人工智能的进化，还涉及相关机械与信息系统的优化完善，所以系统进化过程相对复杂。三是任务系统的进化，如预警侦察系统、火力打击系统、空天防御系统、综合保障系统的进化，因为涉及多平台、多任务，所以进化涉及的因素和要素就更复杂，进化的速度也可能有快有慢、参差不齐。四是作战体系的进化，由于涉及全要素、多任务、跨领域，涉及各个层次的对抗，因此进化过程极其复杂。作战体系能否顺利进化，不能完全任其自然发展，需要主动设计、调整环境和条件，应遵循仿生原则、适者生存原则、相生相克原则和全系统、全寿命管理原则，才能具备持续进化的能力。

主要参考文献

[1] 习近平主持中共中央政治局第九次集体学习并讲话 [EB/OL].（2018-10-31）[2018-10-31]. https://www.gov.cn/xiwen/2018-10-31/content_533625/.htm.

[2] 戚建国.抢占人工智能技术发展制高点 [N].解放军报，2019-7-25（7）.

[3] 梁方.人工智能发展趋向何方 [N].解放军报，2019-12-13(11).

[4] 邹舟，李莹军.未来战争形态研究 [M].北京：兵器工业出版社，2019.

[5] 王荣辉.透视未来智能化战争的样子 [N].解放军报,2019-4-30,（7）.

[6] 吴明曦.智能化战争：AI 军事畅想 [M].北京：国防工业出版社，2020.

[7] 王培，苏群星，等.陆军智能化作战研究 [M].北京：军事科学出版社，2018.

[8] 论持久战 [R].延安：抗日战争研究会，1938.

[9] 陆知胜.为未来智能化战争画个像 [N].解放军报，2018-10-18（7）.

[10] 林东.迎接算法决定战法的时代 [N].解放军报，2018-9-18(7).

第二章　网电空间战武器装备

近半个世纪以来，电子技术、信息技术以令人瞠目的速度迅猛发展，并因此全面改变了战争的面貌。尽管人们在谈论战争维度时，习惯于陆海空天电的排序，但从军事技术层面讲，由"电子战""网络战"构成的"网电空间战"能力，则毫无疑问后来居上，成为第一战斗力。未来智能化战争，谁能主导电子战、网络战，谁就能主宰战场。先进的网电空间战武器装备，是军队现代化的重要标志，是军事斗争准备的重要基础，是国际战略博弈的重要砝码，是国家安全和民族复兴的重要支撑。本章将从网络对抗武器装备、电子对抗武器装备和网电空间战武器装备未来发展趋势三个方面进行分析和梳理。

第一节　网络对抗武器装备

随着信息技术的高速发展，一个新的军事斗争领域——网络空间军事斗争应运而生。网络攻防技术的日新月异和网络对抗实践的迅速发展，令网络空间安全的重要性日益凸显。大力加强网络对抗武器装备研究，科学筹划和积极开展网络空间军事斗争准备，成为维护国家安全的一项重要和紧迫的任务。

一、网络对抗武器装备发展概述

网络空间又称在线空间、赛博空间、电脑空间、网络社会、虚拟社会等，是指基于全球计算机网络化的由人、机器、信息源之间相互联结而构成的一种新型社会生活和交往的虚拟空间。网络战是网络信息时代新的作战形式，它有自己特定的作战空间和对象——网络战场，有自己特有的作战形式——网络进攻和防御，有自己特殊的制胜关键——争夺制网权。信息化智能化战争中，制网权已成为决定战争胜负的新制高点。因此，目前世界各国都十分重视"网络空间"的建设，不仅制定了发展战略，还大力发展拥有自主知识产权的核心技术，以把握和夺取信息优势，捍卫自己的"网络空间""信息领土"。

美国在 2008 年 5 月启动建设了国家网络靶场(national cyber range, NCR)，2012 年正式交付使用，为美国的网络战演习训练、武器测评提供了逼真的作战环境。美国时任总统奥巴马一上台就启动了为期 60 天的网络空间安全评估，并宣布成立独立的网络司令部，以整合海、陆、空三军的网络战力量。之后，美国的网络部队建设走上了"快车道"，美国海军、空军和陆军先后组建了自己的网络战部队。与此同时，美国还出台了《网络空间政策评估》《国家网络安全战略报告》《网络空间国际战略》《网络空间行动战略》等一系列战略规划，明确将网络攻防对抗与战争行为画上等号。

2012 年，美国国防部启动"赛博攻击与控制技术"（X 计划）研究，从战争角度设计赛博攻防，从作战计划、作战协同、作战实施、毁伤效果评估等出发，构筑有效控制网络空间攻击全过程的杀伤链路。

美国国防部在 2014 年的《四年防务评估报告》中明确提出要"投资新扩展的网络能力，建设 133 支网络任务部队"。2015 年 4 月 23 日，美国国防部发布了新版《网络空间战略》，提出了 133 支网络作战分队要于 2016 年实现初始作战能力，2018 年形成完全作战能力的计划。2017 年，所有 133 支网络作战部队全部形成作战能力，其中陆军 41 支、海军 40 支、空军 39 支、海军陆战队 13 支。2017 年 8 月 18 日，美国总统特朗普宣布，批准美军将网络司令部升级为作战司令部。升格后，网络司令部成为美军第 10 个作战司令部，与战略司令部、运输司令部、特种作战司令部并列为美军四大职能型作战司令部。这反映了网络空间在美国国家安全战略中的重要地位，对提升美军网络空间实战能力意义重大。网络司令部的升级，意味着今后它将无须通过各相关军种，可直接指挥麾下所属各个军种部队，美军网络部队也因此成为一个独立军种。目前，美国陆军网络部队规模将从 3000 人增至 6000 人；美国陆军预备役和国民警卫队在内的网络专家人数，将从 5000 人增至 7000 人。

俄罗斯在 2013 年组建了网络安全部队并随后成立了网络战司令部。在其新版军事学说里，俄军明确提出要提高"非核遏制"的战略地位和作用，其核心要义就是要用信息战和网络战来加强威慑能力。

日本已正式组建了专门的"网络防卫队"。据报道，日本一直在积极开发网络战武器，其中包括一种能迅速识别网络攻击来源，并直接对攻击源头发动报复性打击的武器。

北约则在爱沙尼亚设立了网络战中心，举行常态化的网络战演习，还出台了网络战的法律规则《塔林手册》，实际上是为美国等西方国家操纵网络空间寻找法理依据。总之，一场网络军备竞赛已是箭在弦上，时刻拨动着各个大国紧张而脆弱的神经。

2016年，人工智能技术在网络攻防领域的应用引起了全球的关注。美国已将人工智能应用于恶意代码检测、威胁情报收集、软件漏洞挖掘等网络安全领域，并启动对电网基础设施网络防御新技术的研究。

进入 21 世纪以来，全球性网络战场已经硝烟四起，不仅渗透到阿富汗战争、伊拉克战争、利比亚战争和中东北非的颜色革命，还与叙利亚战争、打击极端组织 ISIS（伊斯兰国）深度关联，并正在开启智能化网络作战的新时代。

二、网络攻击武器装备

网络攻击，也称为赛博攻击，是指针对计算机信息系统、基础设施、计算机网络或个人计算机设备的任何类型的进攻动作，破坏、揭露、修改系统使软件或服务失去功能，在没有得到授权的情况下窃取或访问任一计算机的数据，都被视为网络攻击。网络攻击的方式主要为武器化的软件，常见的有以下几类。

（一）间谍软件（spyware）

间谍软件通常在未经用户许可的情况下被安装在用户机上，主要用于搜集用户信息。攻击者通过探测目标机器软件的脆弱性，或者将间谍软件和其他软件绑定在一起欺骗用户，将间谍软件安装在用户的台式机或笔记本电脑上，跟踪用户与一系列 Web 站点之间的交互行为，分析用户的上网习惯，推送针对性产品和广告。间谍软件会窃取包含用户信息的 cookie，当用户访问某个网站时，受到间谍软件攻击的 cookies 会在用户不知情的情况下收集和扩散用户信息，而攻击者通过这种方式就可以跟踪到用户对所有网站的访问情况。有些间谍软件会将浏览器重新定向到人为的附属网站中，当用户试图访问一个主流搜索引擎时，间谍软件可能会将浏览器引向另一个搜索引擎，而这个搜索引擎会播放广告。有些间谍软件还侧重窃取用户信息，它们会搜索硬盘驱动器中的敏感私密文件，并将这些文件发送给攻击者。还有一种间谍软件就是键盘记录，它是通过木马监视用户正在操作的窗口，一旦发现用户正在访问某金融服务站点的登录页面，就会开始记录所有从键盘输入的内容，并将用户数据发送给攻击者。

（二）僵尸软件（bot）

僵尸软件主要用来控制一个受感染的主机，通过控制一个受感染系统跟踪用户的"冲浪"习惯，窃取该用户的各种敏感信息，如个人账户、机密数据等。僵尸软件可以形成一个网络，感染几千台甚至上百万台的用户主机。通过使用安装在僵尸网络中所有系统上的分布式软件，僵尸网络可以被当作一个超级计算机。利用它可以破解密钥或密码，其破解速度远超于普通计算机的破解速度。攻击者可以通过僵尸网络快速发送垃圾邮件，还可以隐藏攻击者的互联网源地址，将被僵尸软件感染的系统配置成匿名的数据包转发器。通过这种方式，使单个攻击者的犯罪跟踪变得更加困难，调查取证也更加复杂。僵尸软件还越来越多地和Rootkits绑定在一起。Rootkit也是一种软件工具，可以对操作系统做一定程度的更改，欺骗用户，隐藏攻击者在机器中的存在，甚至阻止反病毒程序和个人防火墙正常工作，是网络罪犯广泛使用的一种隐藏式僵尸软件。

（三）网络钓鱼攻击（phishing）

钓鱼攻击是在线诈骗最常见的形式之一。它通常涉及数量巨大的电子邮件，这些邮件表面上看是从线上银行或网上商店等合法公司发来的，声称收件人的账户有问题，然后欺骗用户点击一个链接，该链接看似指向一个合法商业网站，但实际上是将用户引导到攻击者控制的假冒网站，该网站会要求用户输入用户名和密码，或者一些账户信息，这些信息会被保留下来以便攻击者进行诈骗和犯罪。钓鱼攻击者越来越多地使用看似来自税务机关、政府组织机构的欺骗邮件，通常老年人容易受骗。例如，2011年，攻击美国某加密软件公司使用的电子邮件，有一个附件名为"2011 recruitment plan.xls"（2011年征兵计划表）的文件中嵌入了漏洞攻击代码，是针对Adobe公司Adobe Flash Player的零日漏洞攻击代码，后来被确定为"CVE-2011-0609"。一旦这个攻击实施成功，恶意软件就可能掌握其内部服务器的控制权。然后，攻击者就会使用一个名为"Poison Ivy"的远程访问包对目标服务器进行持续控制。

（四）"水坑"式攻击

"水坑"式攻击是由美国加密软件公司RSA研究人员发明的一个术语，原意指利用水坑将动物吸引到特定区域为狩猎提供方便。这个概念也适用于互联网用户，感染特定网络形成一个水坑。水坑式攻击是网页挂马攻击的一个变种，它利用浏览器的某一特定漏洞，将恶意软件下载到终端用户系统上，其攻击方式不是使用网络钓鱼方式，而是通过掌握用户上网习惯来策划攻击，等待用户自己访问被感染的合法网站。其流程是：第一步，攻击者通过开源情报窃取目标用户上网习惯，从而得到一组被经常访问的网站，对用户进行针对性的建模；第二步，检测这些网站的漏洞，并利用漏洞注入恶意代码；第三步，等待用户访问受感染的网站，然后通过网页挂马下载技术，将恶意软件安装到用户系统中；第四步，一旦浏览器漏洞被利用，系统被恶意软件感染，远程访问木马（remote access trojan，RAT）就会被下载到被感染系统上，攻击者可以利用远程操作控制用户系统，窃取相关数据并传到自己控制的系统上。

三、网络防御武器装备

网络防御指为保护己方信息网络系统和信息安全而进行的防御，主要包括两大类：一是基于网络的防御，主要是防止大规模的网络攻击；二是基于主机的防御，主要是保护单独的系统免受网络攻击。网络防御武器装备主要包括防火墙、入侵检测系统、入侵防御系统、数据加密系统等。

（一）防火墙

基于配置规则，防火墙可以过滤网络流量，允许特定类型的流量进入网络，同时阻止其他流量进入网络，如可以允许来自互联网的 Web 流量，而同时阻止网络管理流量；更高级的防火墙可以禁止特定源地址或目的地址的流量；最专业的防火墙还可以对内容进行审查，对数据包内的特定应用数据、关键字符或短语等内容进行识别。网络防火墙通常部署在两个网络的连接点上，如企业网和互联网的分界上。这样的防火墙通常被配置成为允许内部机器访问外部互联网，因此向外流量过滤很宽松，向内流量过滤则很严格和谨慎。当然，也有一些组织机构，会对向外的访问进行严格控制，如大型企事业单位及军事管理部门等，会对流出的敏感信息采取严格的防范措施。有一些国家，对向外所有流量都会进行防火墙管理，对涉及消极政治言论、宗教宣传的互联网活动进行压制或禁止。2007 年末，缅甸政治骚乱期间，切断了互联网连接，严格控制信息的流入，也限制信息从本国流出。没有防火墙的国家，其国际联通是由大量运营管理商和国外互联网保障的，如果要执行彻底的网络阻断就非常困难。

（二）入侵检测系统

该系统检测互联网流量，发现可能发生的攻击行为。当攻击行为被发现后，检测系统会提醒网络管理人员，就像一个网络防盗自动报警器一样进行预警。很多商业部门和政府部门在其互联网网关处部署了检测传感器，这些传感器只需布置在网络防火墙内即可，然后用传感器来检测是否有攻击行为穿越了它们的前门。也有一些机构在内部网络中部署了网络检测传感器，形成多个门槛来检测所有的攻击行为。

（三）入侵防御系统

入侵防御系统包括基于网络的入侵防御系统和基于主机的入侵防御系统。基于网络的入侵防御系统是把防火墙和基于入侵防御的检测系统结合起来。当与攻击数据相关的数据包被检测到后，该系统可能会丢弃此数据包或者重新链接，防止攻击活动继续发生，从而保护系统。当然，也存在将合法流量作为攻击流量的误判，因此有些防御系统只是产生警告信息，而不是阻断流量。一些系统的防御工具采取线内工作方式对流量进行分析审查；另外一些则可能采取线外工作方式对流量采取抽样分析。线内工作模式是全方位的，是对所有数据包进行审查，会减缓流量速度，因此可能用于密级和预警程度较高的系统；而线外抽查适合于大量普通系统的防御。

基于主机的入侵防御系统重点分析运行在每个终端机上的程序，其原理是分析合法程序活动特点，查找异常程序行为特征，依据一定规则实施操作。不过，这类操作也存在误报风险，错误的检测会中断重要的应用程序，造成一些企业删除或禁用保护机制，以此来恢复正常应用。

（四）数据加密系统

加密包括基于网络的网络加密和基于主机的文件加密。最初的网络加密都放在了计算机的终端用户和应用程序的开发上，后来逐步把它前移到了网络设备层，形成了既对网络又对终端系统进行多层加密的保护。终端用户比较常用的加密方法有三种：一是由加密爱好者创建的 PGP（Pretty Good Privacy，中文译为"优良保密协议"）程序，用于电子邮件和文件加密；二是安全套件 SSH（Secure Shell，安全外壳），用于保护远程登录与访问；三是安全套接层 SSL（Secure Sockets Layer），经常用于保护 Web 浏览器与 Web 站点之间的通信。对网络设备进行认证和加密形成了互联网安全保密协议 IPSec，该协议既可以嵌入 IPv4 协议中，也可以集成到了 IPv6 协议中，以此来提高网络的加密水平。目前，很多厂商已经在操作系统、路由器、防火墙和其他各种设备中发布了与该协议兼容的软件。大多数现代操作系统支持 IPSec，如 Windows、Linux、Mac OS X 等。IPSec 协议提供了多种安全功能，包括：机密性，如果没有解密密钥，就没法读取数据包的内容；认证机制，用于识别是哪个用户和哪台机器发送了各个数据包；完整性，认证数据包内容没有被篡改。虽然 IPSec、PGP、SSH、SSL 等极大提高了网络通信的安全性，但它们都需要分配部署加密密钥。利用预先设置的共享密钥在少数端到端的系统中比较方便，如果在多个远程访问服务器进行操作，密钥的保存与分配就越来越不可行。因此，密钥的广泛分配必须依靠一个可信的证书颁发机构来解决，但过程极其复杂艰难，而且也不可能完全解决问题。

基于主机的加密主要应用于保护主机上的数据，可以选择对各个文件或者目录加密，也可以对整个磁盘、操作系统、应用软件程序进行加密。文件加密比磁盘加密快，但磁盘加密安全性更好。攻击者可以通过多种方法绕开基于主机的加密工具，如采用在进行加密操作时创建隐藏式临时文件、利用合法账户访问数据、设法找出解密密钥或者口令等手段实施攻击。

（五）下一代防御措施

从 2016 年开始，人工智能技术已广泛应用于自动加密、漏洞检测与修复、恶意软件行为识别、物联网防护等网络防御领域。同时，虚拟化、区块链、物联网等新兴技术发展为网络防御带来了全新的手段与方式。未来，网络"防御 + 智能"融合技术将成为重要的发展趋势。

一是利用机器学习、深度学习、特征向量等技术可以建立有效的基于行为的恶意软件检测、基于流量和传输控制协议（transmission control protocol，TCP）握手特点的网络攻击识别。二是利用基于 Web 的高级解决方案构建高效的虚拟沙箱环境，限制攻击在浏览器中运行。三是开发更强大的虚拟化解决方案，利用虚拟化等技术对操作系统中的任务和进度进行隔离，从而实现对恶意软件运行进行检测和限制。四是利用虚拟专用网络（virtual private network，VPN）技术建立内联网，采用加密技术在公网上封装出一个数据通信隧道，在虚拟网关与目标地址之间实施分层、分步"隔离式"数据传输，实现在公网中跑"专网"。五是采用白名单方式进行管理，允许白名单中的软件执行，限制其他软件运行。六是采用区块链技术建立另外一套信任机制，实现端到端的高效交易与互动。

第二节　电子对抗武器装备

电子对抗，北约国家称为"电子战"，俄罗斯称为"电子斗争"，主要是敌对双方为削弱破坏敌方电子设备的使用效能，同时保障己方电子设备正常发挥效能而采取的各种电子措施和行动，其基本理论是，在整个电磁频谱范围内，利用敌方的电磁发射，提供有关敌方战斗序列、作战意图和作战能力的情报，采用对抗措施和硬摧毁，阻止敌方有效地运用通信和武器系统，并同时保护己方有效地使用电磁频谱。电子对抗的实质就是敌我双方为争夺电磁频谱的控制权而展开的斗争，主要包括电子侦察、电子攻击和电子防御三个主要要素。

一、电子侦察

电子侦察指使用专门的电子技术设备进行的侦察，主要任务是侦察、侦听敌方雷达、无线电通信、导弹制导等电子设备发射的信号，获取其技术参数、通信内容、所在位置等情报，是获取敌方军事情报的一种特殊的军事侦察手段。现代侦察方式主要有手段多样的陆地侦察、能长时间活动的海上侦察、应用广泛的航空侦察、覆盖面大的空间侦察和神通广大的无线电侦察。陆地侦察主要通过设立地面电子侦听站、雷达观测站、遥感侦察站等方式实施。海上侦察平台除普通水面舰艇外，部分国家还建有专门担负海上侦察任务的电子侦察船和海洋监视船。航空侦察是当今世界上应用最广泛的一种侦察方式，主要侦察平台为飞机（包括无人机），如美军侦察飞机几十年来一直对我国沿海和内陆进行航空侦察，搜集我方情报。空间侦察又称为航天侦察和卫星侦察，具有覆盖面大、范围广、不受国界和地理条件限制，且侦察速度快、提供情报确切可靠等特点，已成为军方主要情报来源和作战指挥系统的重要组成部分。目前侦察卫星主要有电子侦察卫星、军事成像卫星、导弹预警卫星、海洋监视卫星和核爆炸探测卫星等。海湾战争期间，美国及多国部队在外层空间用于侦察的各种军事卫星约 37 颗，涉及美国的 12 个军事卫星系统及部分民用通信和遥感卫星系统。无线电侦察又称为信号侦察，通常通过设在全球各地的固定侦听站和测向站来实现对无线电信号的侦听和测向，可分为无线电侦听、无线电侦收和无线电测向三种方式，三者结合能够实时有效地掌握敌军情报，直接为作战行动提供保障。第二次世界大战期间，由于美军无线电侦察部队在中途岛海战之前便截获并破译了日本海军的密码电报，从而消灭了日本舰队。近年来不断在西方各大媒体曝光的美国针对欧洲盟国建立的"梯队"监听系统就是典型的例证。

二、电子攻击

（一）反辐射武器

反辐射武器是利用敌方发射的电磁辐射信号进行导引，摧毁敌方威胁辐射源的武器，主要有反辐射导弹、反辐射无人机和反辐射炸弹。作为一种主动进攻的电子战手段，反辐射武器不但可以攻击传统的雷达等脉冲辐射源，而且也可以攻击通信系统和其他大型干扰辐射源。

反辐射导弹是通过目标辐射源的电磁辐射进行自导引，跟踪并摧毁该辐射源的武器，亦称为反雷达导弹，主要有空地型、空空型、地空型、地地型反辐射导弹。反辐射导弹是压制和摧毁对方防空雷达以及各种辐射源的重要硬杀伤武器，在信息化、智能化战争中发挥着越来越重要的作用。从1966年"百舌鸟"反辐射导弹成功试射，到目前美军最新装备的AGM-88E反辐射导弹，美军一直在大力发展反辐射导弹。近些年，世界上其他各国也在大力发展反辐射导弹，如英国的阿拉姆（ALARM）反辐射导弹、法国的阿玛特（ARMAT）反辐射导弹等。近年来，反辐射导弹的种类越来越多，性能也越来越先进，基本趋势是向着宽频带高灵敏度、多模复合制导模式以及射程远、速度快、隐身能力强等优异战术性能方向发展。

反辐射无人机是安装反辐射导引头和引信战斗部的无人机，是综合反辐射导弹和无人驾驶飞机的长处并加以改进而研制出的新一代武器。它集无人机和导弹技术于一体，是一种利用敌方雷达等辐射源辐射的电磁波信号搜索、跟踪并摧毁敌方辐射源的自主武器系统。反辐射无人机可长时间在空间巡弋，并伺机攻击。随着1997年巴黎航展上哈比反辐射无人机的亮相，此后世界上许多国家开始研制反辐射无人机，其中典型代表有美国的"勇敢者"、德国的"达尔"及南非的"云雀"等。未来，随着无人机及其操控技术、精确制导弹药技术等的进步，反辐射无人机将朝着滞空时间更长、飞行速度更快、隐身能力更好、毁伤能力更强的方向发展。

反辐射炸弹是安装反辐射导引头的炸弹，从空中投放，其制导方式简单、战斗部大、杀伤范围大，但攻击距离较近，命中精度较低，装备比较少。

（二）定向能武器

定向能武器DEW（directed energy weapon），又叫束能武器，是

利用激光束、微波束、粒子束、等离子束、声波束等各种束能的能量，产生高温、电离、辐射、声波等综合效应，采取束的形式向一定方向发射，用以摧毁或损伤目标的武器系统。它包括高能激光武器、粒子束武器和高能微波武器。

高能激光武器是一种利用沿一定方向发射的激光束攻击目标的定向能武器，具有快速、灵活、精确和抗电磁干扰等优异性能，在光电对抗、防空和战略防御中可发挥独特作用。粒子束武器是利用加速器把带电粒子或中性粒子加速到极高的速度，并通过电极或磁集束形成非常细的粒子束流发射出去，用于攻击目标，其主要特点是贯穿能力强、速度快、能量大、反应灵活、能全天候作战。高能微波武器又叫电磁脉冲武器，主要包括大功率微波系统和超宽带微波系统，利用高能量的电磁波辐射攻击目标。大功率微波系统根据目标设计特征，发射目标设计宽带频率的大功率信号，造成目标信号处理器失灵。超宽带微波系统的频率范围覆盖了数百兆赫到数千兆赫的范围；大功率微波系统频率为数万兆赫。二者可在目标保护电路生效之前对其进行破坏。

由于定向能武器具备速度快、反应灵活等特点，各国都对定向能武器的研发越来越重视。在美国国会 2018 年 3 月通过的《2018 年综合支出法案》中，研发、试验与评估高能激光武器的费用达 910 亿美元，较 2017 年增长 23%。英国计划投资 1.62 亿美元开发 3 种定向能武器演示样机，包括舰载高能激光武器、车载高能激光武器和车载射频武器的演示样机，这是英国国防部"新武器计划"的一部分。俄罗斯国防部部长绍伊古 2019 年 12 月透露，俄武装力量已完成"佩雷斯维特"激光武器系统的部署，其已在俄战略火箭军 5 个导弹师的阵地进入战斗执勤。此外，德国、法国、日本、印度等国也都在加速研制定向能武器。

（三）电子干扰武器

电子干扰是为使敌方电子设备和系统丧失或降低效能所采取的电波扰乱措施，目的是削弱或破坏敌方使用各种电子设备和系统遂行战场侦察、作战指挥、通信联络和兵器控制与制导的能力，为隐蔽己方企图和提高己方飞机、舰艇的生存能力创造有利条件。电子干扰一般不会对干扰对象造成永久的损伤，其仅在干扰行动持续时间内使干扰对象的作战能力部分或全部丧失，一旦干扰结束，干扰对象的作战能力即可恢复。电子干扰机的基本技术是制造电磁干扰信号，使其与有用信号同时进入敌电子设备的接收机。当干扰信号足够强时，敌接收机无法从接收到的信号中提取所需要的信息，电子干扰就奏效了。由于电子干扰技术干扰的是敌方接收机而非发射机，因此，为了使干扰奏效，干扰信号必须能够进入敌接收机——天线、滤波器、处理门限等，也就是说在确定干扰方案时，必须考虑干扰信号发射机和敌方接收机之间的距离、方向以及干扰信号样式对敌电子设备可能产生的效应等才能保证干扰的有效性。

依据不同的标准，电子干扰可有不同的分类。按电子干扰的作用性质，可分为压制性电子干扰和欺骗性电子干扰。所谓压制性电子干扰是指造成电子设备的接收系统过载、饱和或难于获取有用信号的干扰。按产生的方法，有有源压制性干扰和无源压制性干扰。有源压制性干扰是使用干扰发射设备发射大功率干扰信号，使敌方电子设备的接收机或数据处理设备过载或饱和，或者使有用信号被干扰遮盖。常用的干扰样式有噪声干扰、连续波干扰和脉冲干扰。无源压制性干扰通常用来压制雷达和光电设备。对雷达的无源压制性干扰是在空中大量投放箔条等器材，形成干扰屏障或干扰走廊，掩护己方部队的作战行动；对光电设备的无源压制性干扰则是通过施放烟幕、水雾或其他消光材料，阻断光电设备对目标的探测和跟踪。压制性干扰是一种暴露性干扰，施放时，易被敌方电子设备察觉。

欺骗性电子干扰是使敌方电子设备接收虚假信息，以致产生错误判断和错误行动的电子干扰。对敌方电子设备的欺骗性干扰是针对电子设备的作战功能进行的，电子设备的作战功能不同、技术体制不同，所采取的欺骗干扰手段和样式亦不同。如对雷达的欺骗性干扰主要有假目标干扰、角度欺骗干扰、距离欺骗干扰和速度欺骗干扰等，目的是破坏雷达对目标的探测和跟踪。对无线电通信的欺骗性干扰是冒充敌通信网内的某一电台与敌主台或其他电台进行通信联络，向敌方传递假命令、假文电或假图像信息，使敌方上当受骗。对敌光电设备的欺骗性干扰主要有发射距离欺骗、编码欺骗的激光信号、设置假目标漫射强激光信号、欺骗敌激光探测设备和激光制导设备；发射红外编码干扰脉冲、投放红外诱饵、破坏红外跟踪和制导设备对目标的跟踪锁定。

按干扰的对象，可分为无线电通信干扰、雷达干扰、红外干扰、无线电导航干扰、无线电遥控干扰、无线电遥测干扰、激光干扰等，这里主要介绍前三种。无线电通信干扰是运用无线电干扰设备发射适当的干扰电磁波，破坏扰乱敌方无线电通信的通信对抗技术，目的是使敌方无线电通信中断、指挥失灵或使敌方通信联络困难。雷达干扰是指扰乱或欺骗敌方雷达设备，使其效能降低或丧失的电子干扰。雷达干扰设备亦称为"雷达干扰机"，是用于发射或转发干扰电磁波，破坏和扰乱敌方雷达工作的电子对抗装备，通常由天线、侦察接收机、干扰发射机和控制部分组成，干扰频段通常为 0.06 ～ 18 吉赫，如果是连续波干扰功率可达数百瓦，脉冲则可达数千瓦，干扰目标数为 20 ～ 80 个。一般包括地面（车载、便携式）、机载、舰载、弹载和投掷式等种类。红外干扰是通过辐射、散射或吸收红外光或改变目标的红外辐射特性，扰乱或破坏敌方的红外光电设备使用效能的光电干扰。红外干扰设备亦称为"红外干扰机"，指使用载体上专门的红外辐射源发射红外干扰信号，破坏敌方红外制导导弹的跟踪，以保护载体免遭攻击的光电干扰设备。其核心是高功率红外辐射源，所采用的红外辐射源有强光灯、电加热陶瓷、电加热电阻丝和激光器。广泛用于飞机、直升机的自卫，也用于舰船及战车等的自卫。

三、电子防御

电子防御亦称为"电子防护"，是在敌方实施电子对抗的情况下，为保障己方电子设备和系统发挥效能而采取的措施和行动，是电子对抗的重要组成部分。电子防御包括反电子侦察、反电子干扰和对反辐射导弹的防护。反电子侦察是防止己方电子设备的电磁辐射信号被敌方截获，或者即使被截获也难以从中获得有关情报，使敌方无法实施有效的干扰和摧毁。反电子侦察是保守己方军事秘密、掩护主要军事目标和军事行动的关键，主要采取的措施包括隐藏、制造假目标、实施无线电静默、组织电子佯动、采用低截获概率雷达与通信及机动雷达和通信。反电子干扰就是设法消除或削弱敌方电子干扰对己方电子设备的不利影响，是电子防御的核心。反电子干扰的措施主要有采用新的频段，快速随机地跳变频率或者同时使用几个频率工作；增大电子设备的辐射功率，提高天线增益，以提高有用信号与干扰信号强度的比值；采用复杂的信号形式和最佳接收技术；等等。对反辐射导弹的防护，可以采取的措施有发射诱饵信号，远置发射天线，诱导反辐射导弹；控制辐射，多站交替工作，使反辐射导弹难以找到目标；采用双基地技术，使用光电探测和跟踪手段等对反辐射导弹进行防护。

四、电子对抗武器装备发展趋势

现代战争是陆、海、空、天、电一体多维空间的战争，是全天候、全方位、多层次的立体战争，其中电磁频谱作为态势感知的重要手段和信息传递的主要载体，一直以来都是敌对双方首先要争夺的"制高点"。近年来，随着电子对抗技术的飞速发展以及新型高科技在现代化军事武器装备中的应用，电子战变得越发重要，各国都很重视电子对抗武器装备的研发和实战应用。

（一）电子对抗武器装备研发应用现状

美国历来重视电子战的发展。自 2017 年初以来，美国国防部发布了新的电子战策略。空军开展了一项全军范围的未来电子战需求研究，电磁作战管理（EMBM）成为联合作战优先事项。海军加强了电子战训练，陆军和海军陆战队开始重建电子战体系。在武器装备方面，近年来，美国海军加紧推进新一代干扰机（NGJ）项目，从 2021 年开始，将逐步用 NGJ 增量 1 系统替代 EA-18G 上的 ALQ-99 干扰机；美海军一直在试验使用 E/A-18G"咆哮者"电子战飞机的 AN/WLR-218 雷达接收器进行发射器的无源瞄准，并将在 MQ-4C"特里同"无人机上部署新型无源射频传感器；通用原子公司也正为其 MQ-9"死神"无人机集成一种新型射频传感器，以进行无源定位。此外，美陆军也采取了一些措施重新找回地基电子战能力。如美陆军驻欧部队为旅战斗队电子战人员部署系统以及一些类似的计划和倡议，通过提供车载、便携式、旋翼机载和无人机载系统，增强电子攻击和电子支援能力。

俄军也不甘示弱，俄军在其重要地区和战略方向均列装了新型电子战系统。如2019年4月末，俄军在其"飞地"加里宁格勒州部署了最新型的"摩尔曼斯克-BN"电子战系统。该系统是一种在短波通信链路进行无线电干扰的自动化系统，可压制最大半径8000千米内的通信和控制通道，能够使潜在对手的战舰、战机、无人机和部队指挥部丧失通信能力。在"东方-2018"全军联合演习期间，俄罗斯首次使用该电子战系统进行大规模电子攻击，验证了俄电子战部队的超强作战能力。目前，第一批装备已交付波罗的海舰队，在加里宁格勒州遂行战斗值班任务。2019年5月，俄国防部宣布北方舰队完成电子战中心部署，已建立覆盖北极地区的电子战系统。这些电子战系统包括远程系统"摩尔曼斯克-BN""克拉苏哈"系列等，还包括新型"季夫诺莫里耶"系统，均安装在机动车辆上，可对敌方通信设备、舰船、潜艇和飞机导航指挥等进行强烈干扰，无须动用火力装备即可制止各种非法入境活动，并可干扰敌方半径数百千米内对重要设施的雷达侦察。此外，俄军在中部军区首先部署"磁场-21"系统。"磁场-21"电子战系统能够适应不同气候条件，可在零下40℃严寒和50℃高温下正常工作，主要用来对抗无人机，降低巡航导弹作战效能，能够在一定区域内压制导航卫星信号，阻断敌方制导武器和无人机信号接收，从而保护俄罗斯重要目标和国家重要战略设施免遭袭击。该系统的无线电干扰站安装在60米高的通信塔上，与发射天线连成网络。一套系统可在覆盖区域内放置数百个无线电干扰站。

近年来，日本自卫队也不断强调增强电子战能力，致力于提高电子战装备的现代化水平。在 2018 年 12 月出台的《防卫计划大纲》中，日本政府将电磁领域与太空和网络领域并列为安保新领域。同期的《中期防卫力整备计划》指出，为强化新领域作战能力，要在陆上自卫队新编电磁作战部队，并在防卫省设立专门机构以提高电磁领域的计划和协调能力。目前，日本已引进最新的车载"网络电子战系统"（NEWS），可分析对方的电波频率并发出同频电波使其无效。在此基础上，日本自卫队在 2020 年度预算中列入 150 亿日元（约合 9.8 亿元人民币）开发经费，用以研发"远距电子战机"，可从对方造成的威胁范围外实施电波干扰；列入 38 亿日元（约合 2.5 亿元人民币）研发陆上部署的"对空电子战装置"，可对来袭飞机发出强大电波使其雷达无法发挥作用。除研发新型的专门装备外，日本自卫队还通过提升 F-15 战斗机电子战能力，为 UP-3D 多用途飞机加装电波干扰装置等，挖掘现有装备的作战潜力。航空自卫队的 F-35A/B 战斗机具备电子战能力和电子防护能力，也是自卫队电磁领域作战力量的一环。此外，高功率电子战装备、高功率微波装备等进攻性电子战装备也计划在不久的将来部署。可以说，通过改装、引进、研发和预研等手段，日本防卫省正试图建立完备的电子战装备体系。

此外，印度也加紧发展电子战能力。在 2018 年，印度军方首次公开展示了其精心组建的专业电子战部队——陆军信号部队。除陆军外，印度空军、海军也都在积极发展电子战能力。通过近些年来的积极采购和自主研发，印度电子战部队也已经初具规模、初成气候。

（二）电子对抗武器装备发展趋势

未来电子战将在高度竞争、高度拥挤的电磁环境中展开，对抗的实质是观察—判断—决策—行动 (OODA) 环之间的体系对抗，谁能够获得

OODA 环的敏捷、精准优势，谁就能获得先敌发现、先敌攻击和先敌摧毁的作战优势。为此，急需提升电子战系统的反应速度、智能化水平和自主学习能力。由于认知电子战系统具备反应迅速、对认知目标的强对抗能力和良好的学习优化能力等优点，迅速成为电子战最重要的发展方向和研究热点。

在认知电子战系统研究方面，美国发挥了引领作用。美军从 2010 年就提出了认知电子战的概念，开展了认知干扰机、行为学习自适应电子战、自适应雷达对抗等研究项目，并取得了重大进展，2016 年进行了飞行试验和原型样机验证。未来计划将认知电子战能力部署到 F-35 战斗机和下一代干扰机上，提高自主感知、实时响应、高效对抗和评估反馈等能力。同时，美军还将联合电子频谱作战和电磁作战管理构成统一的作战架构，实现电磁频谱精准控制。

针对日益严峻的无人机威胁，各国都在大力发展反无人机电子战技术与装备系统，该系统由探测、跟踪、预警、毁伤、干扰、伪装欺骗等技术组成，电子战凭借有源干扰和定向能毁伤，在反无人机技术体系中占据了重要地位。目前，市场上已经推出了几十种反无人机电子战装备，如美国波音公司的"寂静攻击"反无人机激光武器、雷神公司的"相位器"高功率微波反无人机系统、荷兰空客集团的电子干扰反无人机系统、英国监视系统公司的"反无人机防御系统"等，受到广泛关注。

网络化蜂群电子战技术也得到大力发展，美国国防部高级研究计划局（Defense Advanced Research Projects Agency，DARPA）的"小精灵"项目，计划研制一部分可回收的电子战无人机蜂群，这种蜂群可进入敌方上空，通过压制导弹防御、切断通信、干扰内部安全系统，甚至利用网络攻击等措施攻击敌人。美国国防部从 2016 年开始，研发"山鹞"无人机蜂群系统，可执行电子战任务。该系统从机载布撒器投放后，可变成蜂群系统，用作防空系统诱饵，或利用自身携带的载荷执行情报的监视和侦察任务。

未来需要将电磁空间作为一个整体研究，构建从整体到局部的电磁空间认知、控制的方法与模型；深度挖掘敌方传感器有意、无意辐射或目标反射的电磁信息，实现对敌方电磁威胁的快速认知、识别与定位；挖掘环境辐射源的频谱利用潜力。要从电磁场、电磁波本身出发，重构电磁空间，研究全新的理论与技术方案，构建对抗强干扰、诱导式欺骗，对隐身目标具备探测、识别能力，对电磁频谱精准高效利用的雷达、通信、导航、广播、遥感一体化的电磁信息网络体系。

第三节　网电空间战武器装备未来发展趋势

随着信息技术迅猛发展和网电空间军事斗争日趋激烈，网电空间战武器装备的发展也日新月异。世界各国都在遵循需求牵引、技术推动、攻防兼备、协调发展、注重效能的原则下，大力加强网电空间战武器装备的升级换代和作战运用的战法创新。

一、未来网络

随着技术的进步与发展，未来网络空间一方面向人、机、物的深度互联和多样化的应用横向拓展；另一方面向深网、暗网，甚至比暗网更隐秘的网络空间纵向发展，其复杂性、多样性、隐蔽性、安全性等问题越来越突出。未来网络技术的发展趋势主要包括虚拟化、高性能计算、IPv6 和多源异构网络信息融合等。

虚拟化。虚拟化的目标是极大提高多样化网络利用的能力和效率。虚拟化技术的产生开启了互联网和网络应用的新时代，既有可能在全球网络中运行类似公共互联网的系统，也有可能使用虚拟光纤通道来传送模拟信号，还有可能使用虚拟全球网来传播批量流数据，还可以根据各行业的不同特点建立针对性、个性化的信息系统，并提供数据和信息服务。

高性能计算。高性能计算主要包括三个方面：一是计算机终端的计算能力；二是并行处理器上的应用；三是大型商业化服务器复合体的出现，特别需要高度关注的是量子计算机的出现与应用。此外，科学家还在探索基于光信号存储计算的光子计算机和基于生物芯片并行计算的生物计算技术。未来量子、光子和生物计算技术的成熟和应用将开启人类计算的新时代，对赛博空间作战和智能化作战必将带来巨大的推动和跨越。

IPv6：IPv6 是"internet protocol version 6"的缩写，是由国际互联网标准化组织 IETF 设计的用于替代现行版本 IPv4 的下一代互联网核心协议，号称可以为全世界的每一粒沙子编上一个网址。IPv4 地址是目前全球正在广泛使用的 IP 协议，采用 32 位地址长度，全球可用的 IPv4 地址只有大约 43 亿个，严重制约了互联网的应用和发展。而 IPv6 地址采用 128 位地址长度，其地址容量达 2^{128} 亿个，使得 IP 地址空间接近于无限。IPv6 的使用不仅能解决网络地址资源数量的问题，而且也解决了多种接入设备连入互联网的障碍。

多源异构网络信息融合。在军用领域，未来复杂的智能化战场和对抗环境需要开发具有自主规划、动态连接、功能可重组、抗毁自愈的异构网络，以便实现多源信息融合与甄别。具体包括以下几方面：①虚实网络信息融合与攻防。主要包括天空地情报、监视、侦察(Intelligence Surveillance Reconnaissance，ISR) 系统电子信息情报与网络开源大数据信息关联印证，侦察、指挥、通信、打击、保障等跨网络、跨平台信息融合等。②复杂战场智能化网络构建。重点研究与任务区域地形相适应、自动识别干扰频谱、自主跳频跳转、灵活联通重组的天空地一体化的自组织网络，实现对典型任务与战场的长时间不间断覆盖。③复杂网络综合防御。利用人工智能、IPv6、虚拟化、区块链、拟态防御等技术研究网络主动免疫防护、信息数据智能随机加密，不依赖根服务器的寻址方式、不依赖中心服务器实现端到端通信，能够针对网络攻击链隐藏属性和资源，从根本上改变被动防御模式，建立从芯片到软件系统等新型综合防御能力。④精确搜索与定位。由嵌入式传感器出现而加速引发的一个大趋势就是位置定位，通过人(手机)、物(RFID) 和信息(数据标记)融合分析，当其四处移动时都与位置有关，搜集这些信息就可以跟踪并推断人的行为，不管他愿不愿意都有可能被搜索到。⑤新型跨域攻防。高度关注基于 GPS 的干扰新技术。近年来，美军在信号干扰和伪距干扰的基础上研究了实施远程无线注入攻击 GPS 的新方法：以 GPS 接收机的软硬件漏洞为目标伪造导航电文(星历)内容，通过射频实施远程无线注入攻击，伪造位置信息、伪造时间信息、攻击操作系统、修改基于 GPS 的同步时间基准，瘫痪接收机，对 GPS 的用户系统将造成极大隐患。

二、电磁频谱战

近年来，美军高度重视电子战发展，谋划将电磁频谱确定为继陆、海、空、天、赛博后又一正式作战域，电磁频谱领域的交锋成为当前军事斗争的重要内容。2017年1月，美国国防部部长阿什顿·卡特签署了美军首部《电子战战略》，明确将电磁频谱作为独立的作战空间，阐述了国防部将如何实施电子战以及更大范围的电磁空间作战。2019年4月15日，美国国会研究服务部发布报告，公布了2019财年和2020财年电子战预算的经费情况，从中可看出美国对发展电磁频谱能力的投资在持续增加。

电磁频谱战是电子对抗的自然延续和发展，是指发生在电磁空间并依赖电磁空间能力的对抗行动。电磁频谱战将传统电子对抗的概念进一步向电子战和电磁频谱管理与控制，甚至整个电磁频谱领域（包括电子战、通信、传感器）拓展。其中的电磁空间是指由依存于电磁频谱的各类传感器、通信和武器系统及其相关信息活动所构成的物理空间。此外，在美军参谋长联席会议发布的多个条令中分别从利用、攻击、防护、管理四个维度对电磁频谱作战进行了定义和描述，电磁频谱作战已发展成一个还在拓展的比"电子战＋频谱管理"更大的概念，其目标是要实现真正联合的电磁频谱作战。电磁频谱战概念为电子战发展注入了新的动力，开拓了更大的作战空间。

美军为了推进电磁频谱域的确定，启动了一系列专项研究，发布了一系列条令、指令、政策，建立了专门的机构，有计划地逐次推动电子战的转型发展和电磁频谱作战域的确定。为确定电磁频谱和电子战的战略目标，指导美军未来发展，美国国防部于2014年2月和2017年1月先后颁布了《电磁频谱战略》和《电子战战略》。2018年1月，美国国防部发布了新的《国防战略》，进一步确立了电磁频谱域在未来大国对抗中的核心地位，为电子战及更广泛的电磁频谱战提供了重要的战略指南。2018年10月，美国海军发布了第2400.3号指令《电磁作战空间》，在美国各军种中率先将电磁频谱确定为独立的作战域。美国防部及各军种纷纷采取加大预算投入、新技术研发、升级改造电子战装备等多种措施，促进美军从电子战向电磁频谱作战发展，推动将电磁频谱域确定为第六作战域，以重拾电磁频谱绝对优势。

除美军外，美国智库、国会等机构对美军发展电磁频谱优势也越来越重视。美国战略与预算评估中心（center for strategic and budgetary assessments，CSBA）相继于2015年12月和2017年10月发布《决胜电磁波：重塑美国在电磁频谱领域的主宰地位》《决胜灰色地带——运用电磁战重获局势掌控优势》等报告，其中提出电磁频谱战概念，强调电磁频谱在未来作战中的重要作用。为落实这些新兴作战概念，美军不断加大电磁频谱能力投资力度，优先发展具有网络化、捷变性、多功能、小型化和自适应等特征的新系统，如美国国防部高级研究计划局（DARPA）的射频任务作业融合协作单元（CONCERTO）项目、美海军电子战战斗管理（EWBM）项目、DARPA电子战自适应行为学习项目等。此外，国防部还加强了电磁频谱管理与机制建设，力图从根源上解决问题。

三、作战运用新样式

人工智能在网电空间的应用，正深刻改变军事对抗样式，重构演化军事行动进程，赋能增值军事力量运用，倍增"人在回路"的对抗效益和"跨域制权"的网电优势，不断创新和丰富网电空间战武器装备运用的新样式。

反静默自主侦察。面向"低至零功率"作战场景，围绕电磁静默下情报侦察难题，以自主学习分析、巨量数据处理战场电磁环境为主，强化对海量侦察数据远端传感和挖掘计算。分类搜集，重视调频广播、电视信号、通用卫星等泛在非合作辐射源的反复搜集存储，强化民用通信、导航、雷达等合作识别信号的分类筛选管理。微观分选，采取"区块聚焦、场景缩小、微观检测"的方法，描绘作战区域非合作辐射源平时视图。差异应用，自动排除民用合作信号源探测结果，快速识别非合作辐射源时空异常，精确匹配微观场景平战视图差异，自主判别电磁静默征候和敌隐身突防企图。

分布式定向攻防。根据"分布式作战"需求，针对网电力量宽战场特点，以随机耦合、模糊匹配为主，统筹调配网电作战兵力兵器，聚合增益网电攻防先发优势。电磁聚力扰，统筹掌控作战区域内电子对抗作战资源总量，按区域、分专业、跨平台计算分配电抗任务，自动消解后续进攻弱项，自主弥补潜在防御盲区，做到力量布势时空形散、扰压效果持续聚力。网络精确战，集成调用技术手段，同步升级改进网络情报搜集、能力预置、技术研储等战技策略，突破"有什么武器打什么仗"限制，做到"指哪打哪"。

集群化无人作战。着眼"去中心化涌现"作战效应，针对网电空间"人在回路"实际，以生物集群行为学习、群体自组织协调为主，大量部署运用无人作战系统，增强网电作战体系稳定性。无人蜂群"面打击"，集成海量低成本、单载荷、微型化、自航式智能无人攻击装备，广域投放、布设立体绵密的传感网络，宽幅悬浮在核心重要目标浅近纵深空域、拉起层层抗击的火力防空弹幕，聚合以量取胜优势，扩容"面打击"效益。有无混合"点攻防"，推行运用有人／无人混编协同作战模式，配合有人战机前置无人机进行抵近侦搜和航路突防、降低有人载机探测辐射强度，支援特战兵力携带"迷你"无人作战装备潜入陌生地域杀伤有生力量、提高接触作战胜算，提升无人"点攻防"精度，降低有人参战代价。

自适应认知作战。基于"认知电子战"作战理念，针对网电态势感知不确定性、历史经验适用性差等难题，以自适应感知、自主认知计算为主，集成运用认知网电作战系统手段，实现网电力量自我学习和自主作战。着眼适应瞬息万变的无形战场，强化对传统侦察经验的信任比对，扩大对不明网电威胁的容错学习，做到全域侦察不漏情。交互认知进攻，充分发挥人机交互应用优势，深化"软攻击"作战场景自主学习推理，重视"硬摧毁"作战决策人机交互积累，自主优化网电进攻流程规范。指纹认知防御，积极运用巨量数据解构技术手段，广泛搜集典型协议信令、特定解译代码、特殊通联格式等特征指纹，自动校验侦获态势数据全局结构或片段内容，及时引导发布网电防御警报。

随着第五代网络攻防产品和行为的出现，未来一定会延伸到多种多样的智能化作战系统中。围绕分布式、跨域、异构的网络信息系统、物联网系统、云系统、人机交互系统甚至 AI 系统等，都有可能成为赛博跨域攻击和防御的目标，这也是网电空间战领域未来关注、研究和防范的重点。

主要参考文献

[1] 赵国林，梁念峰，周广涛.科学认识智能化网电空间作战 [N].解放军报，2020-2-11（7）.

[2] 吴明曦.智能化战争：AI 军事畅想 [M].北京：国防工业出版社，

2020.

[3] 邹舟，李莹军．未来战争形态研究 [M]．北京：兵器工业出版社，2019.

[4] 司伟建，曲志昱，赵忠凯．现代电子对抗导论 [M]．北京：北京航空航天大学出版社，2016.

[5] 谈何易，雷根生，逯杰．现代电磁战 [M]．北京：国防大学出版社，2016.

[6] 孙亚力．俄罗斯部署新型电子战系统 [J]．航天防务技术瞭望，2015（8）：26-30.

[7] 王雪琴，陈鼎鼎．美国陆军电子战和赛博战的融合 [J]．通信电子战，2019（1）：54-58.

[8] 常晋聘，朱松．全球反辐射武器的发展 [J]．国际电子战，2016（7）：42-44.

[9] 宋伟，伍晓华，徐世龙．反辐射导弹的发展及对抗措施 [J]．科技导报，2019，37（4）：26-29.

[10] 王沙飞．人工智能与电磁频谱战 [J]．网信军民融合，2018（1）：20-22.

[11] 李硕，朱松．从电子战到电磁频谱战：决胜第六作战域 [J]．国防科技情报，2019（12）：1-7.

第三章　太空战武器装备

　　从 1957 年 10 月 4 日苏联发射第一颗人造卫星开始，人类便打开了航天竞技时代的大门。1969 年 7 月 16 日，美国成功发射了"阿波罗"11号并完成了人类首次登月任务。此后，世界各军事大国就不再满足于短暂的太空旅行和单纯地建设空间站，而是集中空间科研力量为太空军事化服务，将战场从陆、海、空三维空间拓展到太空。以前没有制空权就没有制海权、制陆权，如今谁掌握太空谁就能赢得制空权，进而赢得战争的主动权。在海湾战争、阿富汗战争、伊拉克战争中，侦察、通信、导航、气象等卫星系统在夺取战场信息优势、保障部队作战行动、提高武器装备作战效能等方面发挥了举足轻重的作用。本章结合当前太空战武器发展现状，着重介绍卫星、航天飞机、空天飞机、宇宙飞船和空间站等五类太空战武器装备。

第一节　卫　　星

　　人造地球卫星是指环绕地球飞行并在空间轨道运行一圈以上的无人航天器。人造卫星是目前发射数量最多、用途最广、发展最快的航天器。主要用于科学探测与研究、天气预报、土地资源调查、土地利用、区域规划、通信、跟踪、导航等各领域。军用卫星则是用于军事目的的人造地球卫星，主要有通信卫星、侦察卫星、气象卫星和导航卫星等，为作战行动提供通信保障、侦察预警、气象预测、定位导航等服务。

一、通信卫星

（一）概述

军用通信卫星是作为空间无线电通信站担负各种通信任务的人造地球卫星。军用通信卫星包括战略通信卫星和战术通信卫星。前者提供全球性的战略通信，后者提供地区性战术通信及飞机、舰船、车辆与单兵背负的终端移动通信。

军事通信联络要求迅速、准确、保密和不间断。与民用通信卫星相比，现代军用通信卫星具有抗干扰性好、机动灵活性大、可靠性高、生存力强等突出特点。通过选择不同通信体制、调整发射功率和接收灵敏度、改变天线波束宽窄和指向、强化遥控指令系统等技术手段可以进一步提升通信卫星的作战性能。

（二）通信卫星的优势

一是广播覆盖面积广。凭借其自身的广播特性，卫星是在广大地理区域传输数据信息的最佳手段。卫星的这种广播特性可以在点对多点网络和多点交互网络中得到充分利用，并且能够克服地域的限制，实现远距离通信传输。

二是地理分布灵活。与地面网络不同，卫星网络不限于任何特定配置。在其覆盖区域内，卫星网络提供了无线路由的选择，因此它们可以在地面网络难以保障的情况下实施远程通信。

三是地球站容易安装。一旦卫星发射，卫星地球站的安装和维护比建立地面基础通信设施要简单易行，尤其是在设置临时通信服务时特别便捷，毕竟地面通信网络的运用往往需要庞大的地面建设计划。更重要的是，地面通信链路上的一个故障往往会导致整个通信链路的中断，而卫星网络则不会出现这种情况。

四是免受自然灾害的影响。与基于地球地理环境的地面网络相比，卫星更不易受到飓风、地震、洪涝等自然灾害的影响。

（三）典型应用——美国"国防卫星通信系统"

国防卫星通信系统(defense satellite communications system，DSCS)是美军的一个可提供超高频(super high frequency，SHF)及军用X频段宽带和抗干扰通信的通用军事卫星通信系统，可为美海、陆、空三军提供安全可靠的全球通信服务，是美军超高频通信卫星网络的重要组成部分，也是美国防部、战略空军和海军舰队进行指挥控制的一个重要军用卫星通信系统。该系统于1962年5月开始建设。由于美军在近几年的大规模军事行动中通信需求急剧增长，原有的国防卫星通信系统星座已远远不能满足需求，急需升级换代。在这种背景下，国防卫星通信系统已升级至第三代。

第三代国防卫星通信系统(DSCS-Ⅲ)是美军重要的卫星通信系统，它担负的任务包括：①国家各类指挥机构间的通信；②预警机和作战飞机间的通信；③支援应急事件或局部战争的高容量、高可靠性通信；④保证高质量的高速数据或高分辨率图形和图像的保密传输以及快速传送传感器数据；⑤提供其他传输手段不便完成的远距离通信和支援海军的舰岸通信。考虑到卫星通信的暴露性和易扰性，为确保DSCS-Ⅲ卫星通信的安全畅通，DSCS-Ⅲ卫星通信系统采取了诸多抗

干扰措施。（图 3-1）

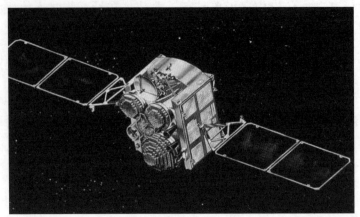

图 3-1　美国 DSCS-Ⅲ卫星（图片来自搜狐网）

二、侦察卫星

侦察卫星是指利用卫星上的各类光电传感设备，从轨道上搜集地面、海洋和空中目标的相关信息，对目标实施侦察、监视和跟踪，以获取军事情报。侦察卫星具有侦察面积大、范围广、速度快、效果好等特点，可不受国界和地理条件的限制，用于长期监视。根据执行任务和侦察设备的不同，侦察卫星一般分为照相侦察卫星、电子侦察卫星、海洋监控卫星和导弹预警卫星。

（一）发展现状

据媒体披露，截至 2019 年底，国外共有 106 颗侦察监视卫星在轨运行，其中，美国 39 颗、欧洲 21 颗、俄罗斯 11 颗、印度 11 颗、日本 9 颗、以色列 6 颗、韩国 4 颗、其他国家和地区 5 颗。美国是拥有侦察监视卫星最多的国家。若按类型统计，则光学成像侦察卫星 42 颗、雷达成像侦察卫星 28 颗、电子侦察卫星（包括海洋监视卫星）36 颗，光学成像侦察卫星在侦察监视卫星中占比最多。

（二）侦察卫星的种类

1. 照相侦察卫星

照相侦察卫星分为返回型和传输型两种。它装有可见光相机、电视摄像机或合成孔径雷达等。可借助照相机和感光胶片拍摄目标的可见光图像；借助红外辐射扫描仪获取目标的热红外图像；借助侧视雷达获取目标的微波图像。获取到的图像信息通过无线传输方式实时或定时送回地面，经过加工处理和判读，从而识别出军事目标并确定其具体位置。

美国第五代照相侦察间谍卫星"KH-11"（图3-2），俗称"锁眼"，属于数字图像传输型的实时照相侦察卫星。通过卫星上的成像遥感器以扫描的方式拍摄地面场景图像，并将这些远距离照相电视信号采用数字图像的传输方式传输到地面卫星接收站。位于美国华盛顿的国家图像判读中心根据卫星图像了解相关国家的实时情况。因此，"KH-11"间谍卫星的最大优点就是实时性。美苏冷战时期，苏联军方及谍报部门因为不了解"KH-11"间谍卫星具有实时照相传输的功能，许多军事设施没有进行隐蔽，甚至连导弹发射井的井口也没有伪装，让美国谍报机关获得了许多高度机密的情报照片。

图3-2 "KH-11"照相侦察间谍卫星（图片来自搜狐网）

2. 电子侦察卫星

电子侦察卫星装有电子接收装置，可以收集和监测地面无线电设备和雷达辐射的电磁信号，并将接收到的信息通过天线转发到地面站。研究人员对接收到的信号进行分析，便可获得敌方雷达、通信和遥测信号等信息。

苏联从 20 世纪 60 年代开始发射电子侦察卫星，其电子侦察卫星为椭球体或圆柱体，采用"混杂多颗组网法"使用，在同一轨道内，运行 4～8 颗电子侦察卫星。一颗卫星飞过后，紧接着又飞来一颗，以接力的方式连续对目标国家实施电子侦察。另外，这种卫星还具有情报联络的功能，苏联国内可以与分布在世界各地的谍报人员保持无线电联系。

3. 海洋监控卫星

海洋监控卫星主要用于执行海洋监视、海上预警和通信保障等任务，为作战指挥提供海上目标的动态情报，为武器系统提供超视距目标指示，为舰船航行提供海面状况和海洋特性等重要数据。卫星上装载了电视摄像、雷达、无线电侦测、红外探测、高灵敏度红外相机等侦察设备，能在全天候条件下监测海面情况，有效识别敌舰的队形、航向、航速和位置信息，还可以利用蓝绿激光穿透海水，探测水下潜航的潜艇。

1982 年英阿马岛之战中，苏联接连发射了"宇宙-1365 号"和"宇宙-1372 号"海洋监控卫星，以此来侦察英阿双方的战况。苏联将获取的英军情报提供给阿根廷军队，帮助阿根廷空军一举击沉了英国特遣舰队中著名的"谢菲尔德号"导弹驱逐舰。

4. 导弹预警卫星

导弹预警卫星是用于监视和发现敌方战略弹道导弹并发出警报的

侦察卫星。它通常被发射到地球静止卫星轨道，并由多颗卫星组网预警。导弹预警卫星的工作原理是利用其携带的红外探测器探测导弹在飞出大气层后发动机尾焰的红外辐射，并配合使用电视摄像机跟踪导弹，从而及时准确地判明导弹并发出警报。

天基红外系统（SBIRS）是美国新一代导弹预警卫星系统，具备强大的探测跟踪和预警能力。SBIRS 系统分为高轨道和低轨道两个部分，高轨道卫星位于静止轨道和大椭圆轨道，低轨道卫星位于 1000 千米高度的近地轨道。目前 SBIRS 系统包括 4 颗静止轨道卫星和 4 颗椭圆轨道卫星，未来还要发射数十颗卫星，组成天基红外预警系统。SBIRS 卫星采用了新一代高速扫描红外传感器，扫描速度和灵敏度得到全面提升，同时还增加了新波段（用于穿透低层大气尤其是云层），该系统可以在导弹发射后立刻捕捉到尾焰，及时发出预警警报。

据美军公布的资料显示，SBIRS 卫星不仅能有效探测大型的洲际导弹和远程导弹，对小型的中短程弹道导弹甚至是开加力的飞机也有较好的探测效果。同时，由于它的传感器非常灵敏，还能用于战术情报收集和战场态势感知。（图 3-3）

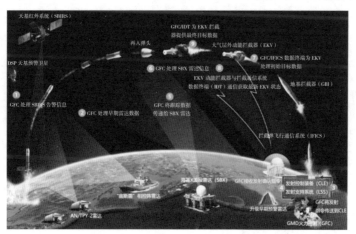

图 3-3　美军反导体系示意图（图片来自观察者网）

三、气象卫星

气象卫星是指从太空对地球及其大气层进行气象观测的人造地球卫星，是气象观测系统的空间部分，是世界上应用最广的卫星之一。气象卫星通过加载各种遥感设备来接收和测量地球表面和大气层的可见光、红外线及微波辐射，并将其转换成电信号传送给地面站。地面站将卫星传来的电信号复原，绘制成各种云层、地表和海面图片，再经进一步处理和计算，分析得出气象资料。气象卫星按轨道的不同可分为太阳轨道（极轨道）气象卫星和地球静止轨道气象卫星；按是否用于军事目的，可分为军用气象卫星和民用气象卫星。气象卫星因其观测范围广、时效快、质量高，不受自然条件和地域条件限制的特点，被广泛应用于日常气象业务、环境监测、防灾减灾、大气科学、海洋学和水文学的研究。

自 1962 年以来，美国国防气象卫星根据国防气象卫星计划（defense meteorological satellite program，DMSP）一直为美国的军事行动收集气象数据并提供预报服务。DMSP 卫星位于近地轨道，轨道高度约 830 千米，主要配备光学传感器。每个传感器可提供大约 2960 千米宽的区域云层覆盖情况、连续可见光和红外图像，每 14 小时完成一次覆盖全球的气象特征数据采集，为美军行动提供实时的气象保障。

四、导航卫星

导航卫星是指通过连续发射无线电信号，为地面、海洋、空中用户提供导航定位服务的人造地球卫星。导航卫星装有无线电导航设备，用户接收卫星发来的无线电导航信号，通过时间测距或多普勒测速来获得用户相对于卫星的距离或距离变化率等导航参数，并根据卫星发送的时间、轨道参数，求出在定位瞬间卫星的实时位置坐标，从而进一步计算出用户的地理位置坐标（二维或三维坐标）和速度矢量分量。

通过发射多颗导航卫星组建卫星导航网，达成全球和近地空间的立体覆盖能力，从而实现全球无线电导航。目前世界共有四大卫星导航系统，分别是美国的全球定位系统（GPS）、俄罗斯格洛纳斯全球卫星导航系统（GLONASS）、欧洲的伽利略卫星导航定位系统（Galileo）和中国的北斗卫星导航系统（BeiDou）。（图 3-4）

图 3-4　四大卫星导航系统（图片来自搜狐网）

（一）全球定位系统（GPS）

全球定位系统（GPS）是一个由 24 颗卫星组成，能够覆盖全球的卫星导航系统。它是 20 世纪 70 年代由美国陆、海、空三军联合研制的，其主要目的是为陆、海、空军提供实时、全天候和全球性的导航服务，并用于情报收集、核爆炸监测和应急通信等任务，是美国全球战略的重要组成。

GPS 全球卫星定位系统由 GPS 星座、地面监控系统和 GPS 信号接收机三部分组成。具有全天候、全球覆盖、三维定速定时高精度、快速省时高效率、抗干扰性能好和保密性强的优势，可以保证在地球上任意时刻、任意地点能同时观测到 4 颗卫星，用以保证卫星可以采集到观测点的经纬度和高度信息，从而实现导航、定位、授时等功能。

（二）俄罗斯格洛纳斯全球卫星导航系统（GLONASS）

俄罗斯格洛纳斯全球卫星导航系统（GLONASS）作用类似于美国的 GPS、欧洲的伽利略卫星导航定位系统和中国的北斗卫星导航系统。

该系统最早开发于苏联时期，后由俄罗斯接手后续开发任务。该系统于 2007 年开始运营，当时只开放俄罗斯境内卫星定位及导航服务。2009 年，服务范围拓展到全球，可提供陆地、海上及空中目标的三维坐标及运动速度等信息，但相比于 GPS 系统，GLONASS 的精度较低。目前，俄罗斯 GLONASS 卫星定位系统拥有工作卫星 21 颗，分布在 3 个轨道平面上，另外还有 3 颗备份星。由于 GLONASS 卫星星座一直处于降效运行状态，现只有 8 颗卫星能够正常工作。

（三）中国的北斗卫星导航系统

中国北斗卫星导航系统是继美国 GPS、俄罗斯 GLONASS、欧洲伽利略卫星导航定位系统之后，全球第四大卫星导航系统。

1983 年，"863 计划"倡导者之一的陈芳允院士创造性地提出"双星定位"构想。这一方案，能以最小星座、最少投入、最短周期实现从无到有。后来，北斗系统首任工程总设计师孙家栋院士，进一步组织研究提出了"三步走"发展战略，决定首先建试验系统，然后再建区域系统，最后建成全球系统。2000 年建成北斗一号试验系统，使我国成为世界上第三个拥有自主卫星导航系统的国家。2012 年建成北斗二号区域系统，为亚太地区提供服务。2020 年建成北斗三号全球系统，实现了中国人梦寐以求的"全球梦"。

为确保北斗三号全球系统如期"交卷"，从 2017 年 11 月到 2020 年 6 月，我国成功发射 30 颗北斗三号组网星和 2 颗北斗二号备份星，成功率为 100%，以月均 1 颗星的速度，创造世界卫星导航系统组网发射新纪录。

与其他全球卫星导航系统采取单一轨道星座构型相比，北斗系统独树一帜，坚定选择走混合星座的特色发展之路。北斗一号建设时，在国际上首次实现地球静止轨道卫星提供导航定位服务。北斗二号系统充分继承北斗一号用地球静止轨道卫星实现区域导航定位覆盖的成功经验，在国际上首创以地球静止轨道和倾斜地球同步轨道卫星为骨干，兼有中圆轨道卫星的混合星座。对区域卫星导航系统而言，这种"混搭"组合可以用最少的卫星数量实现最好的覆盖效果。北斗三号系统将"混合星座构型"发扬光大，建成拥有 24 颗中圆轨道卫星、3 颗地球静止轨道卫星、3 颗倾斜地球同步轨道卫星组成的全球系统，为建设全球卫星导航系统提供了全新范式。

与其他卫星导航系统相比，北斗系统确有自己的"独门绝技"：除提供全球定位导航授时服务外，还能进行短报文通信，开创了通信导航一体化的独特服务模式，是名副其实的"多面手"。从功能上看，其他卫星导航系统仅能无源定位，因而用户只能知道"我在哪"。而北斗用户则不同，不但自己知道"我在哪"，还能告诉别人"我在哪""在干什么"。比如突发地震、海上遇险时，在其他通信手段失效的情况下，北斗短报文通信可以成为传递求救信息、拯救生命的最后保险索。

如今，北斗三号在全面兼容北斗二号系统短报文通信服务的基础上，区域短报文发送能力一次提高近 10 倍，支持用户数量从 50 万提高到 1200 万，而且能实现 40 个汉字的全球短报文通信。此外，北斗三号全球系统还可以提供星基增强、国际搜救、精密单点定位、地基增强等多样化服务，能更好地满足用户的多元化需求。

第二节　航天飞机

航天飞机又称为太空梭或太空穿梭机，是可重复使用的、往返于太空和地面之间的有人驾驶航天器。它结合了飞机与航天器的特性，既可以像火箭一样垂直起飞，像太空飞船一样在轨道上运行，又可以像飞机那样在大气层中滑翔着陆。给人类自由进出太空提供了一个有效途径，是航天史上的一个重要里程碑。

一、概　　述

航天飞机依赖助推器垂直发射，在近地轨道运行，完成任务后能在大气层中滑翔水平着陆并可重复使用，是火箭、航天器和航空器技术的综合产物。（图 3-5）

图 3-5　美国"亚特兰蒂斯"号航天飞机降落瞬间（图片来自网易）

航天飞机除了可以在太空和地面间运送人员和货物之外，凭着其容积大、有效载荷量大和可多人乘载的特点，能够在太空进行大量的科学实验和空间研究工作。它可以把人造卫星带入太空，也可以把太空失效或毁坏的无人航天器，如低轨道卫星等人造天体修好，再投入使用，还可以进行各种微重力科学实验等工作。（图 3-6）

图 3-6　美国"奋进"号航天飞机正在释放空间探测器（图片来自网易）

航天飞机和普通飞机的主要区别在于：一是飞行空域不同。航天飞机主要在大气层以外的近地轨道环绕地球飞行，而普通飞机只能在大气层内飞行。二是动力装置不同。航天飞机采用火箭发动机，并自带氧化剂，而普通飞机则采用航空燃料发动机，需要吸收空气中的氧气进行助燃。三是起飞方式不同。航天飞机是垂直起飞，而普通飞机绝大多数是水平起飞。

二、基本组成

航天飞机是一个由外部燃料箱、火箭助推器和轨道器组成的往返航天器系统，人们通常把轨道器称作航天飞机。（图 3-7）

图 3-7　美国"奋进"号航天飞机准备发射（图片来自搜狐网）

（一）外部燃料箱

外部燃料箱的外表为铁锈颜色，主要由前部液氧箱、后部液氢箱以及连接前后两箱的箱间段组成。外部燃料箱负责为航天飞机的 3 台主发动机提供燃料，是航天飞机三大模块中唯一不能重复使用的部分。

采用这种结构设计，主要是为了减少航天飞机轨道器的尺寸和重量，否则航天飞机的轨道器将异常庞大。

（二）火箭助推器

火箭助推器中装有助推燃料，平行安装在外部燃料箱两侧，为航天飞机飞出大气层进入轨道提供额外推力。在发射后的前两分钟，与航天飞机的主发动机同时工作，到达一定高度后与航天飞机分离。此时，前锥段里降落伞系统启动，可回收重复使用。

（三）轨道器

轨道器看起来像一架大型的三角翼飞机，是整个航天飞机系统的核心部分，也是系统中唯一可以载人并在地球轨道上飞行的部件。轨道器由前、中、尾三段机身组成。前段结构可分为头锥和乘员舱两部分，乘员舱一般情况下可容纳 4 ～ 7 人，紧急情况下可容纳 10 人。中段为有效载荷舱，可以装载各种卫星、空间实验室、大型天文望远镜和各种深空探测器等。舱内还设有一到两个自动操作的遥控机械手和电视装置。航天飞机的后段比较复杂，主要装有三台主发动机，尾段还装有两台轨道机动发动机和反作用控制系统。在主发动机熄火后，轨道机动发动机可以为航天飞机提供进入轨道、变轨机动、对接机动飞行和返回脱离轨道时所需要的推力。而反作用控制系统则用以保持航天飞机的飞行稳定和姿态变换。

三、服役情况

美国共研制过 5 种型号的航天飞机和 1 架测试型号的航天飞机，即"企业"号航天飞机、"哥伦比亚"号航天飞机、"挑战者"号航天飞机、"发现"号航天飞机、"亚特兰蒂斯"号航天飞机和"奋进"号航天飞机。

苏联研制过"暴风雪"号航天飞机，并于 1991 年成功地进行了无人轨道试飞，但此后由于苏联解体，计划终止。因此全世界仅有美国的航天飞机实际使用并执行过任务。

（一）"企业"号航天飞机

"企业"号航天飞机是美国国家航空航天局（National Aeronautics and Space Administration，NASA）建造的第一架航天飞机（图 3-8）。实际上它只是一个测试平台。在肯尼迪空军基地研究中心，"企业"号被用于各种类型的测试，如返回和着陆的测试、由波音 747 飞机背负运输的飞行测试、自由飞行的着陆测试、装配好燃料箱和助推火箭在发射状态下进行测试等。在完成了各项测试使命后，"企业"号被收藏在博物馆里。一直到 2003 年"哥伦比亚"号航天飞机发生事故后，"企业"号上的玻璃瓦才被再次拆下进行测试，以调查"哥伦比亚"号失事的原因。

图 3-8　博物馆里的"企业"号航天飞机（图片来自 ZOL 论坛）

（二）"哥伦比亚"号航天飞机

"哥伦比亚"号是美国第一架正式服役的航天飞机，它于 1981 年 4 月 12 日首次执行飞行任务，正式开启了 NASA 的太空运输系统计划。"哥伦比亚"号机舱长 18 米，能装运 36 吨重的货物。在返航时，它能借助气动升力的作用，滑行上万千米的距离，还能向两侧方向做 2000 千米的机动飞行。

然而很不幸的是，"哥伦比亚"号在 2003 年 2 月 1 日，执行第 28 次任务重返大气层时与控制中心失去联系，不久后在得克萨斯州上空爆炸解体，机上 7 名宇航员全数罹难。（图 3-9）

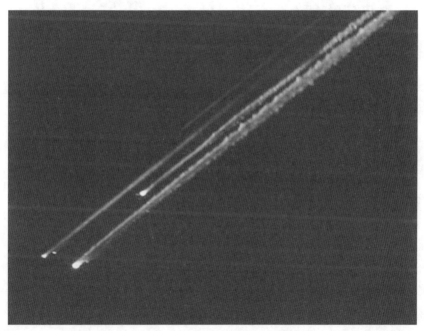

图 3-9　"哥伦比亚"号航天飞机返回途中发生解体（图片来自搜狐网）

（三）"挑战者"号航天飞机

"挑战者"号是 NASA 旗下正式使用的第二架航天飞机。其在开发初期被作为测试机，但在"挑战者"号完成了初期的测试任务后，被改装成正式的轨道载具，并于 1983 年 4 月 4 日正式进行首航任务。然而很不幸的，"挑战者"号在 1986 年 1 月 28 日执行第 10 次太空任务时，由于右侧固体火箭推进器上面的一个 O 形环失效，导致连锁反应，在升空后的第 72 秒时，发生爆炸解体（图 3-10）。机上的 7 名宇航员，全部在此次事故中丧生。

图 3-10　"挑战者"号航天飞机爆炸瞬间（图片来自腾讯网）

（四）"发现"号航天飞机

"发现"号航天飞机是 NASA 第三架实际执行太空飞行任务的航天飞机。于 1984 年 8 月 30 日执行首飞任务，它主要负责进行各种科学研究和对国际太空站建设工作提供支援服务。"发现"号属于 NASA 航天飞机的第二期产品，在设计组装的过程中撷取了许多来自"企业"号航天飞机、"哥伦比亚"号航天飞机与"挑战者"号航天飞机的实际测试和飞行数据，在设计上较为成熟。该型航天飞机于 2010 年正式退役。（图 3-11）

图 3-11　"发现"号航天飞机机头特写（图片来自浙江日报）

（五）"亚特兰蒂斯"号航天飞机

"亚特兰蒂斯"号航天飞机是 NASA 第四架实际执行太空飞行任务的航天飞机（图 3-12）。它是"发现"号的姊妹机，属于 NASA 第二批制造的航天飞机。"亚特兰蒂斯"号于 1985 年 10 月 3 日首次飞行，其代号来源于一艘隶属于麻省海洋学院的科学研究船。"亚特兰蒂斯"号航天飞机继承原船的精神，执行过多次重要飞行，包括发射"伽利略"号行星探测器和哈勃太空望远镜等。

图 3-12　波音 747 正在转运"亚特兰蒂斯"号航天飞机
（图片来自百度知道）

（六）"奋进"号航天飞机

"奋进"号航天飞机是 NASA 第五架也是最后一架实际执行太空飞行任务的航天飞机。首次飞行在 1992 年 5 月 7 日，它负责的大多是国际太空站的支援任务。"奋进"号实际上是一艘"拼装的航天飞机"，它是以"发现"号和"亚特兰蒂斯"号建造合约中生产的备用结构零件额外组装出来的，用于填补"挑战者"号坠毁后留下来的任务空缺。

"奋进"号虽然是拼装的，但并不代表它技不如人。由于"奋进"号在建造过程中吸取了之前的教训，因此配备了更多的先进技术装备，其中包括新型减速伞、升级版航电系统、改良版辅助动力系统，并且拥有更长的任务周期。（图 3-13）

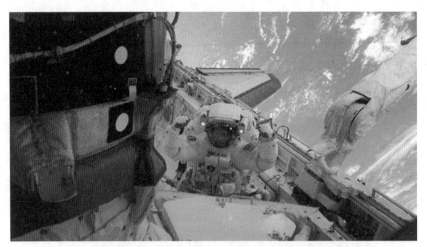

图 3-13　"奋进"号航天员正在太空行走（图片来自新浪科技）

四、军事应用前景

航天飞机的开发和应用在航空航天方面有着巨大的经济价值和社会效益，在军事方面更是用途广泛。

（一）施放和回收军用卫星

运用航天飞机施放卫星不仅节约发射费用，而且灵活机动，保密性也更强。1985年1月24日，"发现"号航天飞机首次升空就施放了1颗绝密军用卫星。该卫星重2.5吨，能截获苏联向太平洋发射远程导弹的遥测信号，还可窃听欧、亚、非三大洲大部分地区的情报信号。同年6月17日，"发现"号一次施放了3颗军用卫星；同年10月3日，"亚特兰蒂斯"号又连续施放了2颗军用通信卫星。另外，航天飞机还可在太空轨道上对受损卫星进行修理或秘密带回地面处理。

（二）试验新型空间武器

1985年6月21日，"发现"号成功地进行了高精度激光跟踪试验。在地面用直径600微米的激光束照射370千米轨道上的航天飞机，激光经过长距离传输后，射到飞机上直径已扩散到4.5米，这次测试验证了激光跟踪低轨道高速运动目标的能力。1985年7月29日至8月6日，"挑战者"号在太平洋上空280千米的轨道上用一台电子发生器对地面发射了电子束，夏威夷的观测站观察并记录到了该电子束在电离层中引起的扰动。

（三）建造空间军事系统

航天飞机具有运载量大的突出特点，它一次最多可运载29.5吨有效载荷，足以保证把一些大型航天器送上近地轨道。1985年11月26日，"亚特兰蒂斯"号发射上天，宇航员在太空进行了装配大型建筑的演练，验证了在太空建造作战平台和指挥中心的可行性。在NASA安排的航天飞机飞行任务中，2/3以上与军事任务直接相关，其中半数为纯军事任务。

（四）直接进行作战行动

航天飞机有很大的军用潜力。如可以担负侦察任务，在 200 千米高空拍摄地面照片；可以作为粒子束武器、高能激光武器和小型导弹发射平台；可以拦截敌方弹道导弹或直接攻击地面目标；可以攻击敌方卫星或将其捕获；还可以在太空试验各种武器系统。

航天飞机的军事应用活动已充分证明了它的军事价值，其优越的机动能力，必将使太空军事争夺变得更加复杂和激烈，可以预见，在未来的太空战中，航天飞机将承担重要的作战任务。

第三节　空天飞机

空天飞机是一种兼具航空与航天的飞行器，可根据执行任务的不同，在大气层和卫星轨道上灵活机动。它比普通战斗机飞得更高更快，也比弹道导弹更加灵活，能够实现即时打击，是未来战争中可与航空母舰媲美的大杀器。

一、概　　述

空天飞机是一种特殊的飞行器。它结合了飞机和航天器的优势，是一种突破大气层内外界限的理想飞行器。空天飞机可以不依赖火箭助推，和普通飞机一样依靠自身动力常规起降。

空天飞机可以在 30 ～ 100 千米的高空以 12 ～ 25 倍声速巡航，成为自由往返天地之间的运输工具。与运载火箭和航天飞机相比，空天飞机最明显的优势是装备系统可以循环使用。普通军用、民用机场稍经改造，便可适用于空天飞机的起降，在部署和运用上更加灵活。因此，空天飞机成为各国争相开发的第二代航天飞机，是未来控制太空和争夺制天权的重要武器装备。

二、空天飞机的特点优势

空天飞机与航天飞机一样，是火箭技术、航空技术和载人飞船技术结合的产物。与航天飞机相比，空天飞机有许多优势。

一是空天飞机能在大气层上层和近宇宙空间进行机动飞行，能够大大减少飞行阻力，从而可以获得更高的飞行速度，大大缩短远距离运输的时间，两个小时内便可到达世界各地。机身采用防热结构和主体结构一体化设计，这样不但可减轻机身质量，还能提高热防护系统的耐久性和可靠性，使其更加适应高速飞行。

二是可重复使用，经济高效。空天飞机采用水平起降的方式，可重复使用，发射费用比火箭和航天飞机都低，可以大大减轻地面装备保障压力，提升飞行的安全可靠性。

三是空天飞机既可水平起飞，也可由火箭发射，还可以经常变换飞行轨道，具有洲际导弹的速度和轰炸机的灵活性。其采用吸气发动机，仅需携带少量的液氧，具有较大的有效载荷。

三、空天飞机的军事意义

（一）将空战与太空战融为一体

空天飞机诞生之前，大气层内外是两个割裂的战场空间。但由于空天飞机具有航空与航天的双重功能，便成为沟通大气层内外，实现空战与太空战融为一体的新型技术装备。根据任务需要，为其加装不同的太空武器，便可对敌方的陆、海、空、天重要目标实施攻击。也可以利用自身的探测设备侦测敌方卫星，并对其实施跟踪、干扰、俘获或将它送入错误轨道，甚至将它们带回地面。

（二）全面提升空袭的突然性

空天飞机的出现使得空战由亚声速向高超声速的方向发展，制空权争夺的范围和难度也进一步增大。同时，由于空天飞机速度极快，飞行高度极高，可以作为快速运输机和战略轰炸机，快速机动至全球任何地方并采取相应行动，或者对敌方发动突然袭击。灵活快速的特点和强劲的战斗力，也使它成为夺取制天权的有效手段。

（三）情报搜集实时高效

空天飞机既可以像军用卫星那样在太空轨道上侦测敌方情报信息，也可脱离轨道反复在目标区的外层空间飞行，实时掌握任务地域的敌情变化，还可以利用自身携带的光电传感等设备对陆、海、空、天目标进行侦察与监视和对导弹类目标的预警。空天飞机与各种侦察卫星相比，具有更大的灵活性和更强的侦察能力，实时性也更加出色，是一种全新的情报获取手段。

四、装备发展情况

（一）美国 X–37 试验机

X–37 试验机是一种可重复使用的空天飞机，又称为轨道试验飞行器。该空天飞机于 1996 年由 NASA 提出，由美国波音公司研究制造。X–37 在起飞时需要火箭搭载或由大型飞机升空投放，其耐热能力能够抵受穿越大气层时产生的高温，并且能在太空连续飞行一年以上，结束任务时，X-37自动返回地面，像普通飞机一样在跑道上降落，被视为未来"太空战斗机"的雏形。X-37最高速度能达到25倍声速，常规军用雷达无法捕捉。（图3-14）

目前X-37试验机共发展出3个规划型号，分别为X-37A、X-37B和X-37C。X-37A为试验初期的型号，以高纯度过氧化氢和JP-8煤油作为推进剂，主要用于测试自主着陆能力。

X-37B是在X-37A的基础上发展而来的。其主体结构使用轻质复合材料，机翼前缘采用了新一代耐高温材料——强化单体纤维抗氧化陶瓷瓦，能够承受再入大气层时1650摄氏度以上的高温，性能超过此前航天飞机前缘使用的材料。

X-37C是2011年美国波音公司在X-37B的基础上增大180%体积的载人型号，使用波音CST-100乘员舱，可以容纳多达6名宇航员或混装货物。

图3-14　美国X-37试验机（图片来自搜狐网）

（二）英国"云霄塔"（Skylon）空天飞机

英国最早的空天飞机项目于1985年提出，1989年开始"云霄塔"

（Skylon）空天飞机相关研究。Skylon空天飞机在技术应用上有多种创新，如标志性的单级入轨，采用吸气/火箭混合动力发动机方案，使用两台SABRE 4双模式发动机，其具有独特的半壳式结构的机身设计，创新的冷却技术，新型的喷管工艺。

SABRE发动机是Skylon空天飞机的核心。SABRE是一种高超声速混合动力发动机，具有吸气式发动机和火箭发动机两种工作模式。当速度低于5马赫时，它可以像传统喷气式飞机一样工作；当达到高超声速时，它转换成燃烧氢气和液氧的纯火箭发动机，实现高达25马赫的飞行速度。

Skylon机身采用碳化硅增强钛空间框架，铝质燃料箱，外层附着陶瓷皮。多层钛箔隔热层夹在外壳和框架之间，以保护Skylon内部免受高超声速飞行的热量和重新入轨的极高热量。（图3-15）

图3-15 英国"云霄塔"（Skylon）空天飞机（图片来自凤凰网）

（三）印度 RLV-TD 空天飞机

2001 年，印度空间研究组织（ISRO）提出研制可重复使用的航天飞机计划。2006 年，ISRO 通过对可回收航天飞机的气动布局进行风洞试验和计算模拟，最终选定了类似美国 X-37B 空天飞机外形的 RLV-TD 空天飞机。RLV-TD 长 6.5 米，采用常规气动布局，包括三角翼和大角度 V 形尾翼，外观像一架缩小的航天飞机。它通过火箭垂直点火的方式发射。

2016 年 5 月 23 日，ISRO 开展了印度首架自行研制的空天飞机技术验证机 RLV-TD 的首次飞行试验（图 3-16）。主要任务是验证 RLV-TD 的热防护和飞行控制技术。试验中，运载火箭共工作了 91 秒，在 48 千米的高度与 RLV-TD 分离，随后 RLV-TD 依靠惯性继续上升到 65 千米的高度，并以无动力方式自由滑翔 13 秒后向下高速滑行。其间 RLV-TD 的最高速度为 5.5 马赫，整个飞行过程持续约 770 秒，但着陆时未进行自主回收滑跑降落试验。

图 3-16　印度 RLV-TD 空天飞机（图片来自腾讯网）

第四节　宇宙飞船

宇宙飞船是往返太空与地面的航天器，它是人类最早的载人航天器，也是技术较简单的一种载人航天器（图3-17）。宇宙飞船可分为载人飞船、货运飞船和无人飞船。一般情况下，人们所说的宇宙飞船多指载人飞船。货运飞船主要用于运送货物，因此没有生命保障系统，也不回收。无人飞船主要为载人飞船做技术试验，其结构与载人飞船基本一致。

注：不是按飞船真实比例放置

联盟7K-L3　"进步"号　ATV　　　HTV　　阿波罗　阿波罗　　联盟TMA　上升2号

CTV

"快船"号　　猎户座　"大联盟"号　PK号　神舟号"联盟"号　"水星"号 双子星 "东方"号

图3-17　世界各国研制的宇宙飞船（图片来自腾讯网）

一、结构分类

载人飞船按照其飞行任务不同，可分为卫星式载人飞船、登月载人飞船和行星际载人飞船。卫星式载人飞船在近地轨道运行，受地心引力的控制，飞行速度随轨道高度变化。登月载人飞船和行星际载人飞船的飞行速度较快，能使其摆脱地球或其他单一天体引力的控制而在星际中穿行。载人飞船的结构组成与其飞行任务密切相关，其结构主要分为单舱式、两舱式和三舱式3种。

单舱式载人飞船只有航天员的座舱，是最简单的一种载人飞船。如美国最早发射的"水星"号飞船。

两舱式载人飞船是除航天员座舱以外，还配有一个服务舱。服务舱紧接在航天员座舱后面，舱内安装有推进系统、气瓶、水箱和电源装置，为飞船提供推进动力和电源并为航天员供给氧气和水。如美国的第二代载人飞船和苏联最早将人送上太空的"东方"号载人飞船都属于两舱式。

三舱式载人飞船是除航天员的座舱和服务舱以外，还配有一个轨道舱。它是在两舱式飞船的基础上增加 1 个轨道舱（卫星或飞船），用以增加活动空间、进行科学实验等。如俄罗斯的联盟系列飞船和美国的"阿波罗"号飞船都是典型的三舱式。

二、应用实例

（一）"阿波罗"号宇宙飞船

"阿波罗"号宇宙飞船是美国第三代载人宇宙飞船，由指挥舱、服务舱和登月舱 3 部分组成。1966 年至 1972 年共发射 17 艘，其中 1～3 号为模拟飞船，4～6 号为不载人飞船，7～10 号为绕地球或月球轨道飞行的载人飞船，11～17 号为载人登月飞船。1969 年 7 月 20 日—21 日阿波罗 11 号实现了人类首次登月（图 3-18）。随后"阿波罗"号宇宙飞船又相继发射 6 次，除"阿波罗"13 号因氧气罐发生爆炸而未能登月之外，其余 5 次均成功登月，总共有 12 名航天员登上月球。

图 3-18 "阿波罗"11 号在月球着陆（图片来自搜狐科技）

阿波罗计划采用月球轨道交会方案，即将一艘载有 3 名航天员的飞船发射到月球轨道上，2 名航天员乘登月舱在月球表面降落并实施月面行走，另一名航天员留在指挥舱中绕月球轨道飞行。返回时，登月的 2 名航天员启动登月舱的上升级发动机，飞上月球轨道，与指挥舱交会对接。随后抛弃登月舱的上升级，脱离月球轨道返回地球。当再入大气层时，抛弃服务舱，乘指挥舱返回地球。

1. 指挥舱

指挥舱是宇航员在飞行中生活和工作的座舱，也是全飞船的控制中心。指挥舱为圆锥形，高 3.2 米，重约 6 吨。分前舱、宇航员舱和后舱 3 部分。前舱放置着陆部件、回收设备和姿态控制发动机等。宇航员舱为密封舱，存有供宇航员生活的必需品和救生设备。后舱装有 10 台姿态控制发动机、各种仪器设备和控制系统。

2. 服务舱

前端与指挥舱相连，后端为推进系统主发动机喷管，舱体为圆筒形，高 6.7 米，直径 4 米，重约 25 吨。其主发动机主要用于轨道转移和变轨机动。

3. 登月舱

由下降级和上升级组成，最大高度约 7 米，宽 4.3 米，重 14.7 吨。下降级由着陆发动机、4 条着陆腿和 4 个仪器舱组成。上升级为登月舱主体，宇航员完成月面活动后驾驶上升级返回环月轨道并与指挥舱会合。

（二）"联盟"号飞船

"联盟"号飞船是苏联设计的一款载人飞船，由科罗廖夫设计局研制，可以由"联盟"号或"质子"号运载火箭发射。该系列飞船自 20 世纪 60 年代开始首飞一直沿用至今。

"联盟"号飞船是继"东方"号飞船与"上升"号飞船之后苏联自行研制的第三款载人飞船，也是世界上服役时间最长、发射频率最高和可靠性最好的载人飞船。苏联起初设计的目的是将其作为载人登月计划中的地月往返飞船，但后来由于苏联取消了登月计划，"联盟"号的活动范围便被限制在地球轨道上。苏联解体后，"联盟"号的制造与发射便由俄罗斯联邦航天局掌握，主要为国际空间站运输人员和物资。2011 年美国国家航空航天局（NASA）的航天飞机全线退役后，"联盟"号飞船成为宇航员往返国际空间站的唯一运输工具（图 3-19）。

图 3-19　"联盟"号宇宙飞船（图片来自搜狐网）

（三）"进步"号货运飞船

"进步"号货运飞船，是专为空间站运送物资的一次性无人货船，被称为"太空大卡车"。"进步"号货运飞船由"联盟"号飞船改装而成，重约 7 吨，由对接装置、货舱、推进剂和加注舱及仪器舱组成。有效载荷 2.3 吨，其中 1.3 吨为货物装在货舱内，1 吨为燃料装在加注舱内。

"进步"号货运飞船可自主飞行 4 天，并与空间站对接飞行长达两个月。仪器舱装有可供交会和姿控用的推力器，用它可以调整自身的轨道。"进步"号货运飞船（图 3-20）一般执行两个月任务后在返回大气层时烧毁。

图 3-20 "进步"号货运飞船（图片来自百度百科）

三、军事意义

载人飞船是人类走向太空的第一代航天器，它是人类进入太空的天梯。尽管航天飞机、空天飞机等装备会在未来的太空战中占据主导地位，但载人飞船因其突出的效费比和较低的技术门槛，在未来的太空争夺中仍具有巨大的应用价值。

（一）对地侦察的有效手段

载人飞船可以作为有人侦察设备使用，其携带的侦察设备可在人的控制下对重点目标进行观测，效率高、效果好。俄罗斯的联盟号系列飞船曾进行过这方面的试验和研究。在海湾战争期间，"联盟"号飞船上的航天员曾观测到海湾地区的战况及油井燃烧的详情。

（二）太空建设的重要工具

宇宙飞船既可载人，也可载货，可以为太空建设提供服务。同时，载人飞船还可以根据作战需要，运送航天员往返于太空作战平台和地面。目前，俄罗斯的联盟号飞船是建造国际空间站的主要工具之一。

（三）空间作战的主要装备

航天员可以利用载人飞船上的武器装备对敌方的航天器或者地面系统发动攻击，用以夺取制天权。也可为地面、海上和空中作战提供有力支援。

第五节　空　间　站

空间站又称为太空站、航天站，是一种在近地轨道长时间运行、可供多名航天员巡访、长期工作和生活的载人航天器。

空间站分为单模块空间站和多模块空间站两种。单模块空间站可由航天运载器一次发射入轨，多模块空间站则由航天运载器分批将各模块送入轨道，在太空中将各模块组装而成。空间站不具备返回地球的能力。

一、发展沿革

第一代空间站特点：单模块，一个对接口。如"礼炮"1号、"礼炮"2号、"礼炮"3号、"礼炮"4号、"礼炮"5号。

第二代空间站特点：单模块，两个对接口。如"礼炮"6号、"礼炮"7号。

第三代空间站特点：多模块，积木式结构。如"和平"号空间站。

第四代空间站特点：多模块，桁架结构和积木式的混合结构。如国际空间站。

二、发展型号

（一）"礼炮"号系列空间站

"礼炮"系列空间站由苏联建造，是苏联历史上历时最长的一项载人航天计划，其中"礼炮"1号也是人类的第一个空间站。在1971年到1985年服役期间发射了"礼炮"1号至7号，共七个空间站。其中前5座只有一个对接口，即只能与一艘飞船对接飞行。因携带的食品、氧气和燃料的限制，其在空寿命不是很长。随后经过改进，"礼炮"6号和7号增加了一个对接口，除可对接"联盟"号载人飞船外，还可与"进步"号货运飞船对接，用以补给宇航员所需的各种生活用品。

"礼炮"号系列空间站在空的任务是完成天体物理学、航天医学、航天生物学等方面的科学研究，以及开展地球自然资源考察和长期失重条件下的相关技术实验。（图3-21）

图3-21 "礼炮"6号空间站（图片来自搜狐网）

（二）"天空实验室"号空间站

"天空实验室"号空间站是美国的第一个试验型空间站，是通过两次发射对接组成的（图3-22）。它先由运载火箭将工作舱、过渡舱、对接舱和太阳能望远镜送入轨道，随后再将载有3名宇航员的阿波罗飞船送入轨道，两者对接后组成完整的实验室。

图3-22　"天空实验室"号空间站（图片来自搜狐网）

工作舱是"天空实验室"号空间站的核心部位，是宇航员主要的工作和生活舱室。舱内设有环境控制系统，它能给宇航员提供舒适的环境。太阳能望远镜是"天空实验室"号空间站上的一个天文台，可以拍摄太阳的紫外光线和X射线等，获得精细的日冕照片。"天空实验室"号空间站还配有作业室兼实验室、食堂、寝室、厕所等。

从1973年5月到1974年2月，"天空实验室"号空间站先后接纳过3批航天员，每批3人，分别在站工作了28天、59天和84天，进行了270多项研究实验，拍摄了18万张太阳活动的照片、4万多张地面照片，还进行了长期失重环境下人体生理学试验和材料加工的试验。1979年7月11日空间站完成使命，坠入大气层中烧毁。

（三）"和平"号空间站

"和平"号空间站是苏联设计建造的空间站，是"礼炮"号系列空间站的后继项目。它于 1986 年发射升空，并在随后的十年间陆续对接了 5 个模块。1996 年"和平"号空间站在轨组装完毕，空间站全长 87 米，重 175 吨，如与航天飞机对接则可达 223 吨，有效容积 470 立方米。（图 3-23）

图 3-23　"和平"号空间站（图片来自搜狐网）

"和平"号空间站服役期间，苏联与美国进行过多次航天项目的合作，美国的航天飞机与"和平"号共进行了 9 次交会对接，双方还进行了设备和航天员的交换，为后续建造和运营国际空间站积累了宝贵经验。

"和平"号空间站原设计寿命为 5 年，到 1999 年已在轨工作了 12 年之多。除俄罗斯的航天员外，还接待了其他国家和组织的航天员，他们在"和平"号空间站上取得了丰硕的研究成果。但由于"和平"号设备老化，加之俄罗斯资金匮乏，从 1999 年 8 月 28 日起"和平"

号空间站进入无人自动飞行状态，2001年3月23日坠入大气层焚毁。

（四）国际空间站

国际空间站是由美国国家航空航天局（NASA）、俄罗斯联邦航天局（Russian Federal Space Agency，RFSA）、日本宇宙航空研究开发机构（Japan Aerospace Exploration Agency，JAXA）、加拿大太空局（Canadian Space Agency，CSA）和欧洲空间局（European Space Agency，ESA）等共同建造的空间站项目。它于1998年开始建造，2011年2月组装完毕，装配完成后的国际空间站长110米，宽88米，总重量达400余吨，可供6～7名航天员在轨工作，是目前人类在轨运行最大的空间站平台。

国际空间站（图3-24）总体设计采用桁架挂舱式结构，即以桁架为基本结构，增压舱和其他各种服务设施挂靠在桁架上，形成桁架挂舱式空间站。国际空间站拥有大量现代化科研设备，其空间实验室可开展大规模、多学科基础和应用科学研究，能够为微重力环境下开展科学实验研究提供大量实验载荷和资源，并支持人类在地球轨道上长期驻留。

图3-24　国际空间站（图片来自搜狐网）

三、军事应用前景

空间站如同地面上的机场、码头一样，是一个多用途的航天中心，也是一个可供人员和物资长期停留的太空基地。因此，空间站不仅可以用于科学实验，而且可以广泛应用于军事领域。一些军事专家预言："在未来战争中，空间站将是航行于天际间的航天母舰和布设于太空的军事基地。"

（一）进行侦察监视

空间站可以安装光电、雷达等先进遥感设备，可不受阴雨、云雾及昼夜等天气条件的影响，对战场实施侦察、监视和气象预报。能够准确获取战场态势，支援陆、海、空、天多域作战行动。更重要的是，航天员可直接在空间站对所获得的数据进行筛选、分析和处理，作战效能十分突出。

（二）实施作战指挥

空间站可以充当太空指挥所和通信中心，其视野广阔，能够高效地观察、探测、判断敌我双方作战态势，为己方陆基、海基和空基攻击平台指示目标，引导导弹攻击。同时，还能安装大型通信天线和天基雷达等，为地面提供通信和预警支持，并及时向地面通报战场实况，大幅提高作战效率。

（三）完成太空攻击

空间站可以作为一个武器搭载平台，利用站上的太空武器对大气层内外目标实施攻击。目前正在研制的动能武器、激光武器、粒子束武器等都是未来空间站武器系统的选项之一。

当然，尽管空间站有广泛的军事应用前景，但国际空间站作为多个国家共有的空间设施，其军事应用必然受到国际政治形势、国家关系等诸多因素的限制，很难成为某个国家或军事集团独占的作战工具，将更多地用于和平的目的。

主要参考文献

[1] 魏岳江.太空战来袭，你做好准备了吗？[N].光明军事，2018-6-1.

[2] 尖端武器装备编写组.尖端空间武器[M].北京：航空工业出版社，2014.

[3] 阿尼尔·K.迈尼.卫星技术[M].北京：航空工业出版社，2019.

[4] 刘韬，徐冰.2019年国外侦察监视卫星发展综述[J].国际太空，2020（2）：38-44.

[5] 李国利，邓孟.中国北斗全球梦圆：写在北斗三号全球卫星导航系统全面建成之际[N].解放军报，2020-8-1.

[6] 晨光.神奇的高新科技[M].北京：国家行政学院出版社，2012.

[7] 李颐黎.遨游天宫[M].北京：中国宇航出版社，2016.

第四章 无人化作战武器装备

20世纪90年代以来，持续发生的世界新军事变革，已经进入以军队转型为基本标志的整体质变期。各类高新技术，特别是颠覆性技术迅猛发展，使作战方式日趋多样化，任何富于想象力的军事家都难以对未来做出确定的描述。但随着人类文明的进步，对降低战争伤亡的需求越发强烈，与此同时，机器人技术、人工智能技术等支撑无人作战系统的基础技术体系日臻成熟，战争形态由信息化向智能化加速发展的趋势日益明显，无人化战争正阔步走来。结合当今世界无人装备的发展趋势，本章从空中（太空）无人作战平台、地面无人作战平台、海上（水下）无人作战平台和仿生机器人等四个方面，解析新型无人化作战武器装备发展现状和技战术性能。

第一节 空中（太空）无人作战平台

人工智能已经成为战争形态质变的第一推动力，以空中（太空）无人作战平台为代表的智能化武器装备得到了空前的重视和发展。无人机作为一支新兴的空中力量，以零伤亡、非接触、可远程作战等在现代战争中发挥着越来越重要的作用。随着能源技术、芯片技术、飞控技术、导航技术、通信技术、空管技术等各种技术难题不断被攻克，军用无人机逐渐由配角转为主角，越来越频繁地出现在战场上，开启了革命性的战争新模式。目前空中（太空）无人作战平台按作战用途主要可分为侦察无人机、无人攻击机、靶机、诱饵无人机、电子对抗无人机和用于数据中继、反潜、测控等其他用途无人机六大类。

一、美国RQ-4"全球鹰"无人机

"全球鹰"无人机是由美国诺斯罗普·格鲁曼公司综合系统分部生产的一种自动高空远程监视侦察飞行器，它可以在 20000 米高空克服不利天气或夜暗对地进行 24 小时侦察，可以为战场指挥官提供实时的高清晰侦察图像。该机最大航程为 29000 千米，自主连续飞行时间为 41 小时。（图 4-1）

图 4-1　美国 RQ-4"全球鹰"无人机（图片来自搜狐网）

"全球鹰"可同时携带光电、红外传感设备和合成孔径雷达。其中红外传感器工作在 3.6 ～ 5 微米波段，光电传感器工作在 0.4 ～ 0.8 微米波段，合成孔径雷达工作在 X 波段。一次任务飞行中，"全球鹰"既可进行大范围雷达搜索，又可提供约 7.4 万平方千米范围内的光电/红外图像，目标定位的圆误差概率最小可达 20 米。合成孔径雷达能穿透云雨等障碍，连续监视运动的目标。

"全球鹰"更突出的优点是，能与美军现有的联合部署智能支援系统 (JDISS) 和全球指挥控制系统 (GCCS) 联结，图像实时传输至远程操控平台，用于指示目标、预警、快速攻击和战斗评估。另外，"全球鹰"无人机还可以适应美国陆、海、空军不同的通信控制系统，既可进行宽带卫星通信，又可进行视距数据传输通信。据称，其宽带通信系统可达到 274 MB/s 的传输速率，Ku 波段的卫星通信系统则可达到 50 MB/s，同时机上装有备份的数据链。

二、美国 RQ-180 高空侦察隐身无人机

2020 年 11 月，美国《航空周刊与空间技术》等杂志曝光了一张美军无人机的飞行照片，这架无人机的外形与美军现役无人机区别很大。据悉，这架飞机为美国空军的 RQ-180 高空侦察隐身无人机（图 4-2）。该款无人机也是由美国诺斯罗普·格鲁曼公司研制生产的，未来准备用于代替 RQ-4 "全球鹰"无人机。

图 4-2　美国 RQ-180 高空侦察隐身无人机（图片来自搜狐网）

　　RQ-180 无人机计划是在 2005 年美军"联合无人战斗空中系统"项目取消后开始实施的。美军认为，在 SR-71 "黑鸟"超声速战略侦察无人机退役后，"全球鹰"无人机难以在高风险空域执行情报侦察任务，为此需要一种高空侦察隐身无人机来担负这类任务。2011 年 12 月 4 日，美军一架无人机在深入伊朗领空侦察时失联。随后，伊朗方面宣布"击落"了这架无人机，并拒绝美方的归还要求。美国不得不公布这是一架执行特殊侦察任务的 RQ-170 "哨兵"无人机。为此，美军更是强调未来战略侦察无人机必须将隐身性能置于首位。

　　RQ-180 无人机采用 B-2 隐身轰炸机的纯飞翼布局，机上装备两台涡扇发动机，机身和机翼覆盖新型隐身材料，因此其雷达反射面积较小，隐身性能较强。RQ-180 全重约 14 吨，续航时长 24 小时，航程高达 2.2 万千米，具备洲际飞行能力。该无人机主要用于执行情报、监视与侦察任务，因此配备光电、红外侦察设备、主动电子扫描阵列雷达及各种电子监视设备等，并具备超视距信息实时传输能力。此外，该机还可执行电子攻击任务，未来将配合 B-21 新型战略轰炸机执行作战任务。

三、美国MQ-9"死神"无人机

MQ-9"死神"无人机是美国空军的主要进攻型打击无人机（图4-3）。主要担负情报侦察、空中监视、近距离支援、战斗搜索和救援、精确火力打击和终端空中制导等任务。

图4-3　美国MQ-9"死神"无人机（图片来自网易）

该机型全长 11 米，翼展 20 米，作战高度 7500 米，作战半径 1800 千米。在不携带武器的情况下，其最远飞行距离可达 6000 千米。由于其显著延长了巡航时间，拥有宽范围传感器、多模式通信套件和精确武器，因此具备针对高价值和敏感目标执行打击、协调和侦察的综合能力。MQ-9"死神"无人机共配有六个挂架，可以挂载数十千克到数百千克的弹药，最多可以挂 4 枚"地狱火"导弹及两枚激光制导炸弹。其可以使用四种激光制导导弹、空对地导弹，具备高度精确、低附带损害、反装甲和杀伤人员的作战能力。

MQ-9"死神"无人机装备电子光学设备、红外系统、微光电视和合成孔径雷达，具备很强的对地攻击能力和侦察监视能力，能在作战区域滞空停留数小时，更加持久地执行任务。同时，MQ-9"死神"无人机也可为空中作战中心和地面部队收集、传输动态图像，配合地面部队实施作战行动，还可根据实际需要随时开火。

MQ-9"死神"无人机的运行系统包括无人机、地面控制站、卫星链路和备用设备，以及用于部署 24 小时任务的操作和维护人员。机组人员包括一名控制飞机和指挥任务的飞行员，并在需要时招募其他操作传感器和武器的人员。

四、美国 X-37B 空天无人机

X-37B 也称为轨道试验飞行器，是美国波音公司研制的无人空天飞机（图 4-4）。2020 年 5 月 17 日，美国 X-37B 空天飞机在佛罗里达州卡纳维拉尔角空军基地由阿特拉斯-5 号运载火箭搭载升空，执行第 6 次太空飞行试验任务。自 2010 年 4 月首次发射以来，X-37B 已完成 5 次飞行试验，累计在轨 2860 余天，在轨时间一次比一次长，第 5 次任务在轨时间达 780 天。如果不出意外，此次任务 X-37B 在轨时间将会更长。

图 4-4 美国 X-37B 空天无人机（图片来自搜狐网）

X-37B 具有较强的轨道机动能力、跨空天高超声速飞行能力，最高飞行速度超过 25 马赫。不但可以搭载、释放小卫星遂行抵近侦察等任务，还可以搭载机械臂等遂行天基操控任务，以及作为导弹、激光发射器等先进武器的平台实施天对地、天对天远程打击，甚至可以直接作为武器打击地面时敏目标，堪称小型的"空天母舰""空天战机的雏形"。美太空军成立不久，便直接接手负责 X-37B 的发射、在轨操作、返回等任务。

目前，作为全球唯一可重复使用的空天飞机，X-37B 兼具低成本高效往返太空与多功能太空控制平台特点于一身，虽然目前尚处于探索研发阶段，但凭借其性能优势，必然会成为美军空天军事能力发展与军事运用的重要平台，其军事潜力不可低估，给太空和平带来的威胁也不容忽视。

五、美国MQ-8"火力侦察兵"无人机

MQ-8"火力侦察兵"无人机是美国诺斯洛普·格鲁曼公司的瑞恩航空中心为美国海军研制的舰载垂直起降战术无人机，用于提供侦察、态势感知和精确定位。（图 4-5）

图 4-5　美国 MQ-8"火力侦察兵"无人机（图片来自搜狐网）

"火力侦察兵"无人机长7米，主旋翼直径8.4米，机身高度2.9米，重1430千克，巡航速度201千米/时，以巡航速度飞行时的留空时间为8小时，最大飞行高度为6100米。该无人机能在任何配有航空装置的战舰和狭小的陆地上起飞。能全自主飞行，具有良好的超低空和贴地飞行能力。它配有电子红外传感器和激光指示器，可在150海里范围内将情报传回地面控制站，还可以引导海军和海军陆战队的武器对目标实施精确打击。"火力侦察兵"的地面控制站由飞行姿态控制系统、机载设备控制系统构成，配有4部ARC-210型UHF/VHF电台。无人机具有数字记录与模拟记录的双重能力，可全天候飞行。

　　高超的侦察能力是MQ-8"火力侦察兵"无人机的主要特点。机上装有光电/激光传感器和激光指示器/测距仪，可以提供情报、侦察和监视功能且极其精确。MQ-8"火力侦察兵"还是一个杀伤平台，装备了反潜、反舰、反水雷战和自卫的武器系统，包括探测声呐、鱼雷和"海尔法"导弹，能够有效支援水面舰艇、海军陆战队的作战行动。

六、俄罗斯"猎户座"中空长航时察打一体无人机

　　随着智能技术的高速发展，俄军在无人机力量建设方面不断取得突破，依托自主研发与进口改进相结合的方式，逐渐形成以"副翼""前哨"等机型为代表的无人机家族，但多以侦察型为主，火力打击能力并不突出。随着俄军在叙利亚等战场上的深度介入，俄国防部对察打一体无人机的需求与日俱增，"猎户座"察打一体无人机的研发因此受到高度重视（图4-6）。

图 4-6　俄罗斯"猎户座"中空长航时察打一体无人机

（图片来自中国军网）

　　"猎户座"无人机属于中空长航时察打一体无人机，是由俄罗斯 Kronstadt 公司研制生产的。最初的定位是侦察无人机，后来才根据俄军实战需要调整为察打一体无人机。其机载光电探测系统能在风、雪、雨、霾等能见度较低的气候条件下正常工作。

　　"猎户座"采用正常气动布局，装有大展弦比机翼、V 形尾翼和推进式螺旋桨，机头前方配有光电吊舱，最大起飞重量为 1200 千克，续航时间为 24 小时。据称"猎户座"还可装配其他传感器，如电子情报系统、雷达等，进一步增强侦察能力。"猎户座"有效载荷在 200 千克以上，拥有 3 个悬挂点，2 个在翼下，1 个在机身下。弹药配备可以实现"立足现有、大小通吃"，弹药重量从 25 千克到 50 千克以及 150 千克不等，其中不少是由远程火箭弹的弹头改装而来。另外，俄军还为它研发了一些配套的激光制导炸弹，最大限度地提高其精确打击能力。首批量产型"猎户座"无人机已于 2020 年 4 月交付俄陆军航空兵使用。

七、以色列"哈比"反辐射无人机

"哈比"反辐射无人机，又称为"哈比"自杀式反辐射无人机、空中女妖、雷达杀手，主要用于攻击敌方雷达（图 4-7）。"哈比"反辐射无人机采用三角形机翼、活塞推动、火箭加力，机长 2.7 米，翼展 2.1 米，空重 135 千克，最大时速 185 千米，最大航程 500 千米，最大升限 3000 米。

图 4-7 以色列"哈比"反辐射无人机（图片来自搜狐网）

"哈比"反辐射无人机系统由 54 架无人机、1 辆地面控制车、3 辆发射车和辅助设备组成。"哈比"反辐射无人机可以从车载机箱上发射，主攻目标是敌方雷达，每架"哈比"反辐射无人机都配备反雷达感应器和一枚炸弹，接收到敌雷达探测波后，会自动循路对雷达实施近 90 度垂直攻击。每辆发射车上有 9 个发射装置，每个发射装置可容纳 2 架无人机，使用非常简便灵活。

"哈比"反辐射无人机配有计算机系统、红外制导弹头和全球定位系统等，可沿设计好的路线飞行到目标所在地区，在空中盘旋待机，并可用软件对打击目标进行排序。如监测到敌方雷达，它将载着 32 千克的炸药撞向目标，同归于尽；如果没发现目标，就自动返回基地。

八、以色列"苍鹭"战术无人机

"苍鹭"是以色列研发的一种先进、低成本、高机动性、多任务载荷战术无人机（图4-8）。该机采用矩形机身和低重心布局，机身细长，具有良好的气动性能。该无人机采用固定翼设计，机翼安装在机身中间，具有双尾翼构造，带有推进器螺旋桨。机身总长度为8.5米，翼展为16.6米。主要列装旅级地面部队，可用于协同保护地面部队、海岸警卫队及其他部队在前线作战，执行情报搜集、电子侦察、电子干扰、实时监视、通信中继、海上巡逻等任务。

图4-8 以色列"苍鹭"战术无人机（图片来自搜狐网）

"苍鹭"无人机使用了Rotax 912iS涡轮增压发动机，该发动机技术性能先进，能在恶劣的环境下启动和运行，从而保障了较好的飞行性能。"苍鹭"无人机最大任务载重可达180千克，巡航速度222千米/时，航程300千米，最大飞行高度7300米，续航时间可达24小时。

作为一款高性能的战术无人机，"苍鹭"的信息化、智能化程度较高，具备自主起降、飞行、遂行任务能力。采用了先进的飞控技术和动力系统，可以从未铺设的跑道上短距起降，能在白天、夜间和有限的能见度条件下及极端恶劣的环境下全天候执行任务。

九、土耳其 TB-2 "旗手" 察打一体无人机

TB-2 "旗手"（图 4-9）是土耳其自主研制的中空长航时无人机，可全天候执行情报侦察与监视、目标跟踪及通信中继等任务，同时还可执行针对坦克装甲类目标的火力打击任务。该无人机机身长度 6.5 米，翼展 12 米，最大起飞重量 650 千克，动力装置为一台罗塔克斯 912 内燃机，巡航速度 130 千米 / 时，最大飞行速度 220 千米 / 时，活动半径 150 千米，最大升限 8200 米，作战高度 5500 米，续航时间 24 小时，有效载荷为 55 ～ 155 千克。

图 4-9　土耳其 TB-2 "旗手" 察打一体无人机（图片来自搜狐网）

TB-2 "旗手" 察打一体无人机可挂载 MAM-C 和 MAM-L 激光半主动制导空地炸弹，可对地面目标实施精确打击。MAM-C 导弹重 7 千克，直径 70 毫米，长度 900 毫米，最大射程 8000 米，打击精度小于 3 米。MAM-L 导弹重 21.5 千克，直径 160 毫米，长度 1000 毫米，最大射程 8000 米，打击精度小于 3 米。

光电侦察设备方面，该无人机装有加拿大公司生产的 MX-15D 光电吊舱，重 51 千克，采用了四轴稳定转台，并内置了无源隔离器，使镜头具备较好的稳定性能。该光电吊舱可以实现所有传感器图像的实时处理和增强，可以对移动目标进行精准指示，具备视频目标自动检

测跟踪功能，可以检测识别 15 英寸（380mm）级别的目标。对于装甲类目标，可见光传感器探测距离可达 80 千米。

第二节　地面无人作战平台

近年来，以陆战机器人为代表的地面无人作战平台，在作战任务、反恐维稳、非战争军事行动中得到广泛运用，使得机器人士兵成为陆军宠儿。同时，作为陆战重要的新型作战力量，地面无人作战平台具有强大的突防能力、生存能力和持续作战能力，能够有效降低人员伤亡，提高作战效能，因而受到世界各国的青睐。有专家预测，陆战机器人的投入将会引发陆战样式的重大变革。

一、美国"黑骑士"无人装甲车

"黑骑士"无人装甲车标准重量为 9.5 吨，采用每侧五个负重轮的底盘，炮塔前侧装备一门 30 毫米"大毒蛇"链式机关炮和一挺并列机枪，采用自动装填和全电炮塔，外观酷似一辆缩小的主战坦克（图 4-10）。"黑骑士"无人装甲车没有内部舱室，只有为了维护及拆卸模块化设备而在车身的底盘、后部及上部预留的开口和舱室空间。其尺寸比 M1 主战坦克、M2 步兵战车以及 M3 骑兵侦察车等有人车辆大幅度缩小，全车长约 4 米，宽 2 米，高 2.3 米，设计灵巧、紧凑，只比悍马系列高机动性多功能轮式车略大，可满足美国陆军全球快速部署的要求。一架 C-130 战术运输机一次可搭载两套"黑骑士"战斗系统。

图 4-10 美国"黑骑士"无人装甲车（图片来自搜狐网）

"黑骑士"采用缩小化的"布雷德利"战车底盘技术，整车由一台 300 马力的柴油机驱动，单位功率高达 25 ～ 30 马力／吨，动力方面甚至超过了当前部分主战坦克，该车配备双销履带，具备较好的全地形通过能力。由于无须考虑乘员的生理承受能力，"黑骑士"的动作相当具有爆发性，数秒钟内能够从静止加速到 77 千米／时，加速和制动性能都非常好。

同时"黑骑士"无人装甲车具有出色的改装能力。可在底盘上加装更大的火炮、重型超视距导弹和模块化的遥控自卫武器，使其成为无人坦克歼击车。加装先进大口径迫击炮模块变身为巷战的火力支援车；加装布雷、扫雷模块使之成为无人布雷车、扫雷车；加装侦察、通信模块后成为无人通信中继或指挥车；加装先进防空系统成为无人机动式防空平台。

二、美国"机器骡"多用途装备运输车

科学研究表明，当一个成年人携带的物品重量超过其自身体重的三分之一时，机动性和灵活性就要大打折扣。尤其是在执行一些特种任务或在复杂地形行军时，过于沉重的背包将严重影响其战斗力发挥。因此，自 2017 年起，美军就提出了研发一款用于减轻士兵负重的无人载具，"机器骡"多用途装备运输车应运而生（图 4-11）。

图 4-11　美国"机器骡"多用途装备运输车（图片来自搜狐网）

"机器骡"多用途装备运输车，是一款 8×8 型无人全地形车，长 2.8 米，宽 1.5 米，载重能力超过了 400 千克。这款无人平台主要是跟随士兵行进，并携带大量的武器装备和物资，方便士兵随时进入战斗状态。"机器骡"设计有先进的无线系统，可以自主识别路线。另外，该车还装备了性能超强的感应芯片，士兵还可以在 200 米范围内对"机器骡"进行遥控操作，而且操作系统十分便捷，只需单手即可完成，堪称士兵的最强伴侣。

除了帮助士兵减负之外，美军对"机器骡"多用途装备运输车未

来应用还有更深的考虑。一方面可以为其配备支援性武器，如 M4 "古斯塔夫"无后坐力炮或反坦克导弹等，以此进一步提升美军的步兵班组火力。另一方面可以让其充当"战场救护员"与"侦察员"的角色，无论是运送伤员到后方医院，还是远程遥控进入作战区域侦察，这些战术都将成为美军未来作战体系中的全新亮点。

三、美国"粗齿锯"高速履带式无人战车

"粗齿锯"高速履带式无人战车是美军新研发的目前世界上跑得最快的履带战车，由美国 Howe and Howe 公司研制生产（图 4-12）。该型战车具有速度快、越野性能强的特点，能轻松穿越复杂地形，可充当军事行动的开路先锋，即使目前世界上最先进的主战坦克也追不上它。

图 4-12　美国"粗齿锯"高速履带式无人战车（图片来自搜狐网）

"粗齿锯"无人战车的原型是一款民用无人车。经美军改造升级后，它兼顾了越野性与高机动性。该车高 1.8 米，重 4.1 吨，Howe and

Howe 公司为其专门设计了一种履带板，比同等大小坦克的履带板轻了90%。在削减重量的同时，差速动力传输系统的运用，更是能自动将适当大小的动力依次传输给每一块履带板。这样，"粗齿锯" 700 马力的V8 发动机分配在每千克车身上的动力相当于美军 "艾布拉姆斯" 主战坦克的 9 倍，从静止加速到 80 km/h 只需 5 秒，最大速度可达 96 km/h，并且还可以爬上 45° 的山坡。"粗齿锯" 除装备有 M-240 机枪外，还搭载了各类传感器，具备 360° 态势感知能力，能识别出路边是否有炸弹或设伏的敌人，是现代步兵作战的有力帮手。

四、美国 M5 轻型无人坦克

M5 轻型无人坦克是由德事隆系统公司在 "粗锯齿" 无人战车基础上升级改造的轻型无人坦克，其最大总重量为 3.8 吨，可携带重达 2.7 吨的有效载荷，拥有开放式和扁平式架构，能够为多种作战应用集成不同的有效载荷。该型坦克还配备了先进的电子设备、用于携带武器系统的炮塔和高强度照明系统。M5 轻型无人坦克还可以搭载 "空中掠夺者" 无人机系统。（图 4-13）

图 4-13 美国 M5 轻型无人坦克（图片来自搜狐网）

M5 轻型无人坦克的 MCT-30 炮塔配备了 30 mm/40 mm Bushmaster 加农炮和 7.62 mm 同轴机枪及反坦克导弹、M240 7.62 mm 机枪或 MK-19 40 mm 自动榴弹发射器。炮塔上还集成了昼夜摄像机、热像仪和激光测距仪。FLIR 360° 云台进一步增强了 M5 的敏捷性和监视能力，并使用高清变焦镜头帮助捕获多轴运动。FLIR 系统传感器可在雾、太阳炫光和低能见度的条件下工作。

M5 轻型无人坦克由 1500 hp（英制马力）汽油发动机或 1000 hp 柴油发动机提供动力。发动机与艾里逊公司提供的自动变速箱系统相连。该变速箱可在各种地形上作业，包括沙漠、雪地、丘陵或不平坦的地面。悬架由橡胶油箱、履带、两个链轮、三个返回滚轮和五个车轮支撑。两个链轮支撑履带的运动。储罐的重量均匀分布，以支持多种有效载荷的运输。该战车可以静音运行。

五、美国 MAARS 无人战车

MAARS 无人战车是英国国防科技公司凯奈蒂克为美国海军陆战队研制生产的（图 4-14）。这种机器人被称为"模块化先进武装机器人系统"，不仅能携带机枪作战和将己方受伤士兵拖到安全地带，还能引爆炸药，堪称精通"火力＋救护＋排爆"的"全能士兵"。

图 4-14　美国 MAARS 无人战车（图片来自百度百科）

MAARS 无人战车有先进的计算能力、通信能力、自我保护能力和作战能力，具有机动性强、模块化程度高、传感器有效载荷大和可维护性好等特点。可执行侦察、监控及火力打击等任务。其负重可达 160 千克，能携带 1 挺 M240B 机枪、4 个 M203 榴弹发射器和 400 发子弹。这样强悍的火力配置，足够压制至少 2 个班的敌人。MAARS 依靠电池驱动，运行速度达 11 千米 / 时，可依据不同任务要求，行动时间可持续 3 ～ 12 小时，采用省电的睡眠模式时，可在前线连续监控敌军动向长达 1 周时间。

六、俄罗斯"天王星 -9"战斗机器人

"天王星 -9"是由俄罗斯军用设备制造商 JSC 766 UPTK 设计制造的多用途无人地面战斗车辆（图 4-15）。该车火力强大，具备精确制导打击能力和远程打击能力。在执行高危地带的作战任务时，尤其是城市作战等复杂环境下，能够加强步兵分队的打击火力、反坦克火力和侦察能力，为战斗人员提供最大程度的保护，提高综合作战能力。

图 4-15 俄罗斯"天王星 -9"战斗机器人（图片来自搜狐网）

　　一套完整的作战系统包括 4 辆"天王星 -9"战斗机器人，1 部移动指挥站和 1 辆用于运输战斗机器人的拖车。"天王星 -9"战斗机器人采用履带式底盘，配备六个小直径负重轮、一个惰性轮和一个驱动轮。整车长 5.12 米，宽 2.53 米，高 2.5 米，战斗全重约为 12 吨。可基于由操作员设置的预编程路径自动识别、跟踪和攻击敌方目标，自主模式下可以使用绕行路径规避障碍。

　　武器系统方面，"天王星 -9"战斗机器人配备了反坦克导弹武器综合系统和一个遥控的炮塔，同时根据任务需要，该型战斗机器人可以安装不同类型的轻型、中型武器弹药。炮塔两侧各有两具反坦克导弹发射筒，主要用于打击敌人主战坦克和装甲目标。炮塔中部配备一门 30 毫米机关炮，主要用于打击地面目标和低空飞行目标；在机关炮右侧配备一挺 PKT/PKTM 7.62 毫米同轴机枪，用以打击地面轻型装甲目标和人员。炮塔两侧中上部，在反坦克导弹发射筒内侧还各配备了三具 93 毫米的"大黄蜂"-M 火箭筒，可用于摧毁防护车辆和野战防御工事内的敌人和武器。除以上武器，"天王星 -9"战斗机器人的武器选项还包括四枚 9K38 地对空导弹、9K333 "柳树" 便携式防空导弹系统和 9M133M "短号" -M 反坦克导弹。

"天王星 -9" 战斗机器人系统还配备了各种遥控传感器模块。如激光警告系统、电光成像和红外成像系统。车载火控系统包括自动目标探测、识别、跟踪装置和弹道计算机，能够探测和跟踪昼间 6 千米、夜间 3 千米以内的敌方目标。

七、以色列 "守护者" 无人地面战车

由于以色列所处的地理位置和一直以来存在的周边问题，使其非常重视作战人员的生存能力。以色列军方便要求研制一种地面巡逻战车，以减轻边境地区部队士兵的压力，同时兼顾维护军事基地和设施的安全。因此研制一种无人地面战车便迫在眉睫。

"守护者" 无人地面战车由以色列 G-NIUS 公司研制，是新一代全自主式无人地面战车（图 4-16）。该车能够自主运行、探测和导航。该车采用 4×4 "雄猫" 全地形车底盘，车长 2.95 米，高 2.2 米，宽 1.8 米，自重 1.4 吨。该车拥有摄像机、夜视仪、各类传感器、通信设备、装甲和不同的武器系统等模块化装备，并且还可以根据用户需求进行选择。"守护者" 无人地面战车具备良好的越野性能，其最高速度可达 80 千米 / 时，可连续工作 24 小时，最大行程 500 千米，最大有效载荷近 2 吨。

图 4-16　以色列"守护者"无人地面战车（图片来自搜狐网）

"守护者"无人地面战车是一个独立的观察和目标拦截系统，可以装备各类传感器和轻武器系统，控制中心可以根据需要指挥数辆"守护者"无人地面战车形成装甲集群，对入侵者作出相应反应。

八、捷克新型地面无人车

捷克新型地面无人车（UGV-Pz）基于 6×6 地面无人车平台，采用模块化设计，具备两种功用：一种是被设计为运输载货车；另一种是用于侦察任务或电子战任务（图 4-17）。该地面无人车可装备光电系统、雷达和目标采集系统及不同类型的传感器。该车还包括一个地面控制站套件，共 3 辆车（2 个操作员工作站和 1 个指挥站），设计为模块化车辆，可以根据任务要求轻松配置。

图 4-17 捷克新型地面无人车（图片来自腾讯网）

地面无人车由电动／混合动力系统提供动力，每个车轮都配备了10 千瓦的电动机传动系统，车长 2.74 米，宽 1.77 米，高 2.04 米，总重量约为 1400 千克，士兵可使用车载工具箱轻松更换损坏的车轮或电动机。

该车辆可在高风险地区和复杂环境中提供战斗和后勤支持。其可用来监视关键基础设施的周边环境，还可使用安装在车辆上的致命或非致命武器来保护这些区域。

九、英国"龙行者"小型拆弹机器人

"龙行者"小型拆弹机器人是由英国国防部推出的一款高科技便携拆弹机器人，小到可以装进背包（图 4-18）。该款机器人可以帮助士兵发现并拆除前线危险的爆炸物。

图 4-18　英国"龙行者"小型拆弹机器人（图片来自央广网）

该型拆弹机器人的尺寸为 $9 \times 8 \times 3$ 英寸（ $228 \times 203 \times 76mm$ ），共安装有 4 台照相机，可通过手持控制器监控拆弹全过程。每台照相机拍摄的图片可以在不同的屏幕上显现，然后组成一个立体图。另外，"龙行者"小型拆弹机器人还装有一个机械臂，可以观察挖掘周围可疑目标，并能搬起 10 磅（约 4.5 千克）的物品。机械抓手还能发出微量电流，阻断可疑装置。

"龙行者"小型拆弹机器人安装有两条履带，具备全地形能力，可通过远程遥控平稳地在崎岖不平的道路上行进，还可以爬楼梯甚至开门，能灵巧地拆除爆炸物。在执行处理大规模杀伤性武器和反恐等任务时能力突出。

2008 年初，英国哈里王子作为前线空中管制员，随陆军航空兵部队进驻阿富汗赫尔曼德省南部的贾姆瑟基地时，护卫他的廓尔喀雇佣兵就用"龙行者"拆弹机器人应对随时可能出现的各种爆炸装置，因为塔利班曾放言即便不能活捉哈里王子，也要把他炸上天。结果哈里顺利完成任务，平安返回英国。

十、以色列"毒蛇"便携式战斗机器人

"毒蛇"便携式战斗机器人由以色列埃尔比特公司研制生产，该型机器人重约 2.3 千克，仅有小型电视机一样大，看起来像微型坦克（图 4-19）。可在狭小和危险地带作战，是世界上首个用于反恐和城市作战的便携式机器人。它有两条履带，可在狭窄的隧道、黑暗的小巷和洞穴内自由活动，甚至还可以攀登楼梯和越过障碍物。依托自身传感器系统，它可以一边前进一边观察周围情况。

图 4-19 以色列"毒蛇"便携式战斗机器人
（图片来自新浪新闻）

作战时，士兵可将其装入专用背包带上战场，当要攻击一座敌方控制的建筑时，士兵就将其取出放到地上，远距离遥控它冲锋陷阵。在操作员或自主控制程序的指挥下，它可以只身深入危险战斗地带执行任务。利用机载激光瞄准器和 9 毫米口径机枪杀伤敌人，还能投掷烟幕弹、眩晕弹和爆破弹，甚至能发现和拆毁爆炸物。其个头虽小，但功能不弱。

第三节 海上（水下）无人作战平台

　　未来战争的一线对抗可能变成机器人之间的对决，海战机器人也必将代替人类走上未来的海上（水下）战场。因此，海上（水下）无人作战系统作为海军的力量倍增器，必将改变未来的海战模式。近年来，西方国家不断加速发展海上（水下）无人作战系统，拓展海上（水下）无人作战能力。此外，世界军事强国也都在实施自身的海洋网络计划，通过卫星遥感、航空探测、海面浮标、舰载拖曳、水下潜航器和自升沉浮标、岸基雷达系统等构成三维立体海洋观测网络，建立"数字海洋"，智能化海上（水下）无人作战成为未来海战的必然趋势。

一、美国"海上猎手"无人舰

　　"海上猎手"是美国国防部高级研究项目局和 Leidos 公司联合开发的新一代无人战舰，造型比较科幻，这种设计使得"海上猎手"具备较强的稳定性和抗风能力，即使在 7 级海况（浪高 6 米）下都能保持航行。（图 4-20）

图 4-20　美国"海上猎手"无人舰（图片来自搜狐网）

"海上猎手"无人舰长 40 米，排水量 140 吨，最大航速 27 节。其首要任务是反潜，舰上配备多种传感器和先进光学系统，如可扩展的模块化声呐系统，主被动模式兼具。该舰可以自主航行无须人员操控，能续航 70 ～ 90 天，航程可达 3000 海里。常规潜艇被它发现几乎无力反抗，即使是核潜艇也难以逃脱。"海上猎手"并未配备反潜鱼雷等武器，发现敌方潜艇后，它只负责连续跟踪，并通过卫星通信数据链向附近的水面舰船或反潜巡逻机发送敌方潜艇实时坐标信息，并引导己方火力打击。除反潜外，"海上猎手"还能执行扫雷任务，配备有声学及电磁扫雷系统。

"海上猎手"无人舰船体不大，并且不配武器，目的是降低成本。这艘原型舰造价仅 2300 万美元左右，批量服役后价格更低，运行费用也很低，每天不到 2 万美元。因此大量部署"海上猎手"无人舰可以控制非常大的海域，且精确追踪能力比反潜机更强，因目标非常小，敌方发现并攻击它不容易，而且即使被击沉损失也不大。

二、美国"斯巴达侦察兵"无人水面艇

美国"斯巴达侦察兵"无人水面艇是一艘多功能、高速半自动水面无人快艇（图 4-21）。艇长 11 米，吃水 0.91 米，自重 1674 千克。按照设计要求，该艇的最大航速为 50 节，3 级海情下航速为 28 节，最大续航时长为 8 小时，可连续工作 48 小时，航程 150 海里，连续航行最大航程可达 1000 海里，可在夜间行动，既能遥控操作也可自主活动。其标准配置包括无人驾驶系统、电光红外搜索转塔、控制用视频摄像机、水面搜索雷达、导航雷达、视距 / 超视距通信系统、全球定位系统接收机等。

图 4-21 美国"斯巴达侦察兵"无人水面艇（图片来自搜狐网）

该艇采用模块化设计，可在一小时内完成配装多种"即插即用"型任务模块，可以承担多种任务。一是情报、监视、侦察/兵力保护模块。模块中装备有光电系统和小口径机关炮等，可执行情报收集、战场监视、目标跟踪、局部海域有限封锁、警告性射击、检查附近过往船只、监测生物污染水域等任务。二是反水雷战模块。该模块装有拖曳式侧扫猎雷声呐、组合电子设备等，可执行水雷探测、航道清查、提供海底图像等任务，可为多艘舰艇同时扫探水雷，提供安全保障。三是精确打击/反舰作战模块。该模块装有指挥控制装置、激光指示器、识别系统、小型导弹如"标枪"或"海尔法"导弹或30毫米舰炮等，可执行对舰攻击、对岸火力支援等任务。四是反潜战模块。主要以 FLASH 吊放声呐为基础，包括声呐浮标、鱼雷、障碍规避系统等，用于执行搜索探测敌潜艇，向载舰提供目标数据或直接对目标发起攻击等任务。

三、美国"海上猫头鹰"无人水面艇

美国"海上猫头鹰"无人水面艇是一种前线专用、半自主/自主型无人水面艇，最初是由国际机器人系统公司研制，美国导航技术公司

在对该型艇进行更深入的研发后，将其更名为"海上猫头鹰"，是美国海军开发无人水面艇的首次尝试。（图4-22）

图4-22 美国"海上猫头鹰"无人水面艇（图片来自搜狐网）

"海上猫头鹰"无人水面艇承担的主要任务是雷区侦察、浅海监视、海上拦截和保护港口码头周边安全等。如利用前扫或侧扫声呐，搜索水雷、蛙人和潜水器等目标。它能将探测到的信息通过无线电设备实时传回10海里范围内的控制站。该艇具有四个突出的特点：一是艇体轻巧，十分便于装运和部署，艇长仅3米，自重500千克；二是吃水仅18厘米，故可在近岸极浅的水域内活动；三是机动高速灵活，最大航速可达45节；四是耐力出众，在携载204千克有效载荷时，能以最高航速持续航行8小时，即使不加油也能以10节至12节的速度航行10小时。"海上猫头鹰"无人水面艇的有效载荷包括"蓝锆石"电视摄像机、热像仪、公共广播系统、探照灯和烟幕发生器等，并能选用声呐、爆炸物侦察设备、辐射探测器等设备。

近年来，美国海军对该艇做了进一步的改进，主要是采用模块化设计和开放式体系结构。加装了120马力的柴油机和喷水推进系统，并将其负载能力提高到550千克，更新昼夜或红外摄像机等传感器设备，还装备了自卫武器。改进后的无人艇用途更加广泛，可作为载舰的侦察艇为其标示海上目标，或为载舰兵力提供保护等。

四、美国"天龙星"反潜无人水面艇

美国"天龙星"反潜无人水面艇是以反潜作战为主要任务的多功能无人艇，艇长12.2米，宽3.6米，最大重量7700千克，载重2276千克，最大航速35节，续航时间48小时，主要用于配合濒海战斗舰完成对沿海地区安静型柴电潜艇的情报收集、监视和侦察，以及部队防御和自卫等任务，使其成为有人系统和无人系统灵活配置的作战体系，成为联合作战力量的"倍增器"。（图4-23）

图4-23 美国"天龙星"反潜无人水面艇（图片来自央视网）

"天龙星"反潜无人水面艇装备有拖曳阵列声呐、浸入式声呐、舷外多元静态源声呐等传感系统及鱼雷等武器系统，以形成一个宽阔、持久的传感器"前沿"，负责在运送海上兵力之前扫清海岸交通线，或者在某种威胁面前形成传感器"屏障"。

"天龙星"反潜无人水面艇可在4级海况下，携带各种载荷执行多种任务。通过采用开放式、灵活性和模块化的设计，支持各种反潜载荷的拖曳需求。艇上的导航系统由一套采用卡尔曼滤波的惯性导航系统（INS）和全球导航系统（GPS）组成，包括一套 6 自由度惯性传感器和一个多通道 GPS 单元。该艇通信系统针对不同任务阶段，可提供三种通信模式：一是用于释放和回收无人艇的短距通信模式；二是用于执行正常任务的远距高带宽通信模式；三是用于系统回收的远距低带宽通信模式。该艇使用的图像处理模块基于数字高清彩色成像传感器和数字红外照相机，具有 360 度的光学视野，成像性能和灵活性均十分优异。图像处理模块的环境适应性良好，可在各种冷热和湿度环境下全天候工作。

五、美国"水虎鱼"无人水面艇

美国"水虎鱼"无人水面艇是一艘采用碳纤维与轻型碳纳米管材料制成的无人水面艇（图 4-24），由美国 Zyvex 技术公司研发而成，艇长 16.5 米，重 3805 千克，在降低自重和尺寸的同时，其材料的强度提高了 20%～50%，自身具备约 6800 千克的有效载荷。同时，"水虎鱼"无人水面艇非常省油，该艇在不加油的情况下可持续航行 2800 海里，仅相当于其他无人艇耗油量的四分之一，且能在 6 级海况下正常运行，最大航速可达 45 节。

图 4-24　美国"水虎鱼"无人水面艇（图片来自搜狐网）

"水虎鱼"无人水面艇装备的武器包括机枪、MK54鱼雷及超视距导弹等。该型无人艇可承担情报、监视与侦察及电子战、运输、水雷战、打击海盗、搜索与救援、猎潜、港口巡逻等任务。为了扩大无人艇的使用范围,美军分别装备舰长为11米和5.5米的"水虎鱼"无人水面艇,前者在美国海军濒海战斗舰上使用,后者则在美国本土内河中使用。

六、美国"刀鱼"水下无人潜航器

美国"刀鱼"水下无人潜航器是一种自主无人潜水器(unmanned undersea vehicle,UUV),它的外形极像一颗鱼雷,长约5.8米,重约771千克,是濒海战斗舰"猎雷任务"的重要组成部分,可探测、分类并识别高杂波环境中的漂雷、锚雷、沉底雷,为水雷战指挥员提供更强大的反水雷能力。(图4-25)

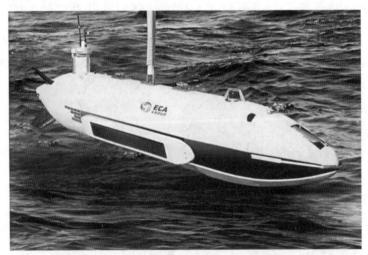

图4-25 美国"刀鱼"水下无人潜航器(图片来自搜狐网)

"刀鱼"水下无人潜航器由水面舰船携载并投放,用锂电池供电,一次可潜行约16小时,能够发出低频电磁波扫描目标物,然后把图像发回母舰以供分析。由于"刀鱼"水下无人潜航器能"单枪匹马"深入雷区作业,充当前伸的"耳目",使母舰远离雷区,因此可大幅降低海军人员和舰艇的伤亡风险。

美国海军十分满意"刀鱼"水下无人潜航器的性能,并计划在2034年装备30艘"刀鱼"水下无人潜航器,其中24艘用于濒海战斗舰,6艘用于其他可能面临水雷威胁的舰船。

七、美国"逆戟鲸"超大型无人潜航器

美国"逆戟鲸"是波音公司生产的一种自动驾驶超大型无人海底潜航器(图4-26),可以满足海底操作和有效载荷日益增长的需求。美国海军称"逆戟鲸"超大型无人潜航器将用于探索和改进超大型无人潜航器的未来作战理念,用于执行收集情报,布放和清除水雷,攻击水面舰艇和潜艇,实施远程打击等任务。

图4-26 美国"逆戟鲸"超大型无人潜航器(图片来自铁血网)

"逆戟鲸"超大型无人潜航器无有效载荷时长15.54米,带有效载荷时长26米,体积为56.6立方米,极限下潜深度为3352米,最高航

速 8 节，最大载重 8 吨，最大航程约 6500 海里，可装备武器"战斧"式巡航导弹，拥有长 10.4 米的 MK-46、MK-48 鱼雷货仓。

"逆戟鲸"超大型无人潜航器配有混合可充电电源系统和模块化有效载荷托架，因此可以进行长达数月的任务部署，它可以在不需要支援舰的情况下发射和回收。其采用开放式架构的模块化设计，拥有自主控制、导航和操纵能力。

八、美国"曼塔"无人潜航器

"曼塔"是美国海军反潜战作战中心开发的一种完全自主型新一代无人潜航器（图 4-27）。主要有三项基本任务：一是水面情报收集、监视、侦察；二是水雷探测、战术海洋数据收集；三是在沿岸浅海水域遂行反潜作战。

图 4-27　美国"曼塔"无人潜航器（图片来自澎湃网）

该型无人潜航器长 10.44 米，宽 2.44 米，高 0.9 米，鳍跨距 4.72 米。最高航速 10 节，巡航速度 5 节，最大下潜深度 243 米，采用铅酸蓄电池、泵喷推进。它平时是潜艇的一部分，可配合潜艇联合作战，也可离开潜艇独立完成作战任务，完成任务后可返回母艇接受新任务。"曼塔"无人潜航器可装载鱼雷、导弹或水雷等武器。每具"曼塔"无人潜航器可携带4枚重型鱼雷。它的模块化设计可根据不同任务随时改变配置，平时与潜艇共行，安装在艇艏，采用舷外布放回收。潜艇可直接利用"曼塔"的武器和传感器。

九、以色列"银色马林鱼"察打一体无人艇

　　"银色马林鱼"察打一体无人艇是由以色列埃尔比特系统公司（Elbit Systems）研发的第二代多功能无人水面艇（图4-28）。艇长10.6米，重4000千克，艇体采用增强玻璃纤维材料，可携带2500千克的有效载荷，最大航速达45节，最大航程500海里，最长续航时间可达36小时。该艇主要是自主操作，也可以通过无线电遥控操作，主要用于执行情报、监视与侦察和兵力保护/反恐、反舰、反水雷、搜索与救援、特种作战等多种任务。

图4-28　以色列"银色马林鱼"察打一体无人艇（图片来自搜狐网）

"银色马林鱼"察打一体无人艇装备了一套7.62毫米顶置遥控武器系统，可携带690发子弹，具有全天候作战及在行进中射击的能力。艇上还有一座紧凑型多功能高级稳定系统（CoMPASS）传感器转塔，转塔上集成了CCD电视摄像机、第三代前视红外热像仪、激光扫描具、激光测距仪及激光目标照射器等。该转塔可发现6千米以外的橡皮艇、16千米以外的巡逻艇和15千米以外的飞机等目标。

另外，"银色马林鱼"还配有"自主舵手系统"，这是一种具有先进自主决策能力的专家系统，具有自适应特点，其能针对环境和任务的变化自动调整控制系统，使无人艇能够以最佳转向、最佳燃油消耗率航行，并采用巡航传感器和稳定系统进行精准航行与导航，防止无人艇在航行途中倾覆。

十、俄罗斯"海神"无人潜航器

"海神"无人潜航器是俄罗斯最新型的水下机器人系统，是一种超大型类鱼雷多用途核动力无人潜航器。最突出的技术特点就是采用紧凑型、启动快和超高能量密度的核动力装置。其核动力装置是现有核潜艇的1/100，工作模式转换时间是现工作模型转换时间的1/200，达到指定功率的时间以"秒"计。

潜航器自身直径1.6米，长24米，最大潜水深度为1000米。"海神"可携带一个50吨到100吨的大型核弹头，可以从很远的距离发起攻击，足以摧毁和污染沿海城市，或消灭航母编队。在作战使用上，具备高机动、无限航程和高隐蔽性的性能优势，通过远程水下机动隐蔽前出部署至任务水域，使用所装载的相应任务模块，遂行战略核打击、反航母、反潜、布雷和支援保障等任务。

俄罗斯"海神"无人潜航器是一种智能化、高自主的超大型多用途水下机器人系统（图4-29）。它针对美国导弹防御系统无法触及的"空白"空间和反潜作战体系的"软肋"。特别是后者，反潜作战体系在面对"海神"无人潜航器时，将难以发现甚至无法发现。即便发现了，也"够不着""追不上"。俄罗斯海军总司令称，"海神"现阶段是不可能被拦截的。

图4-29　俄罗斯"海神"无人潜航器（图片来自搜狐网）

第四节　仿生机器人

仿生机器人是指模仿生物体的结构、功能和生活习性而设计的机器人，能够适应日益复杂的未来战场环境，是无人装备系统的一个重要发展方向。通过在军用机器人设计中应用仿生技术，可以赋予机器人独特的作战能力。近年来，仿生机器人技术越来越受到世界各国的重视。由于机器人士兵、四足机器人、微型仿生机器人等仿生机器人在战场上充分发挥其多功能性、持久性的特点，担负侦察监视、火力打击、机动突击等作战任务，能极大地减少士兵伤亡，逐渐成为各国执行现代化作战任务不可或缺的作战手段。

一、美国"大狗"机器人

美国"大狗"机器人，因形似机械狗而被命名为"大狗"，由波士顿动力学工程公司专门为美国军队研究设计（图4-30）。与常见的各种机器人不同的是，"大狗"机器人并不依靠轮子行进，而是通过其身下的四条腿行动。这四条腿完全模仿动物的四肢设计，内部安装有特制的减震装置，可以在交通不便的地区为士兵运送弹药、食物和其他物品。

图4-30 美国"大狗"机器人（图片来自搜狐网）

"大狗"机器人长1米，高70厘米，重量为75千克，从外形上看，它基本上相当于一条真正的大狗。其内部装载的一台带液压系统的汽油发动机可提供动力，不仅可以跋山涉水，还可跨越一定高度的障碍物，单机可以携带重量超过150千克的武器和其他物资，行进速度可达到7千米/时，能够攀越35度的斜坡。

　　"大狗"机器人的内部安装有一台计算机,可根据环境的变化调整行进姿态,既可以自行沿着预先设定的简单路线行进,也可以进行远程控制。同时,机体配备的大量传感器能够保障操作人员实时跟踪"大狗"的位置并监测其系统状况。"大狗"机器人被美军称为当前世界上最适合崎岖地形的机器人。

二、美国"佩特曼"双腿类人机器人

　　"佩特曼"双腿类人机器人是美国波士顿动力学工程公司研制的一种能像真人一样四处活动的机器人(图4-31),高1.83米,重83千克,体形与人相当,目前它的主要职能是为美军试验防护服装。行走、匍匐以及应对有毒物质的一系列动作对它来说都不成问题,"佩特曼"还能调控自身的体温、湿度和排汗量来模拟人类生理学中的自我保护功能。

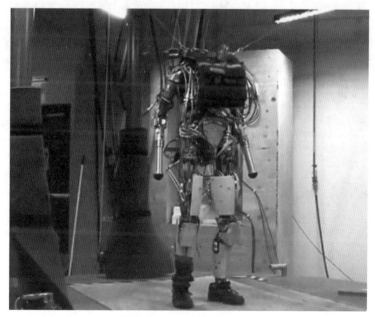

图4-31　美国"佩特曼"双腿类人机器人(图片来自新浪网)

"佩特曼"机器人具有较好的身体协调性能，即使受到冲撞也能保持直立。它能模仿人使用双足行走，也可以下跪或者蹲坐，甚全可以做俯卧撑。它的胸部有一个方形金属盒，是其控制中心。它的全身共有 30 个液压装置，可以灵活控制自己的四肢和体态，双脚采用高强度碳纤维材料制成，行进速度可达 7 千米 / 时。下一步，"佩特曼"机器人将可能取代人类进入极具危险的地带执行多样化军事任务。

三、美国"外骨骼"机器人

美国"外骨骼"机器人的设计初衷是为关键任务设备提供通用的传输平台。它可以增强士兵的身体机能。据称，一名普通的海军陆战队士兵在穿戴该外骨骼后，其体力将可能达到普通人的 4 ～ 10 倍，可以在 8 小时内反复移动近 100 千克重的装备或弹药箱，或持续几小时高强度格斗，可以单手轻松劈开近 8 厘米厚的硬木板。

"外骨骼"机器人自身高度约为 1.57 米，理论上即使身高 1.87 米的士兵也可以轻松穿戴（图 4-32）。作战时，由于保障力量不一定能跟上作战进程，一些重型设备和火炮弹药依旧需要人力搬运，有了"外骨骼"机器人之后，装卸货物或移动装填弹药就不再需要四人小组，由一人即可轻松完成，这样就可以解放更多的人力执行其他任务。

图 4-32　美国"外骨骼"机器人（图片来自搜狐网）

四、美国机器人昆虫

　　2020 年 8 月，美国圣路易斯华盛顿大学的研究人员利用电极、发射器、少量胶水对昆虫进行手术，成功地展示了由人控制的半机械蝗虫探测爆炸化合物的能力。这使得机器人昆虫走向战场将成为可能。（图 4-33）

图 4-33　美国机器人昆虫（图片来自腾讯新闻）

这种微小的机器人昆虫不仅可以在不到一秒的时间内分辨出气味来自哪里，还能将蒸气与 DNT、TNT、PETN、RDX 和硝酸铵等爆炸性化学物质区分开来。不同于训练狗的嗅觉来探测爆炸性化合物，半机械的蝗虫很便宜，虽然是一次性使用的，但效费比很高。

因为蝗虫可以在植被上生存，能够自己进食，自我满足能源需求，它们可以进入狭小的、人类和哺乳动物很难进入的空间。但是如何让一台昆虫大小的机器飞行，是一个难题，因为在动力和工程能力等方面都将遇到巨大的挑战。例如，美国研制的黑黄蜂无人机，已经达到目前建造的技术极限，并仍保留着电池、相机和控制系统，报价约为10 万美元。因此美国国防部高级研究计划局（DARPA）认为，与其试图将机器人设计成昆虫大小，还不如将昆虫变成有用的机器人。

另外，研究人员还发现，蝗虫在群体中的工作更出色。当使用七只蝗虫实验时，爆炸物检测的准确率为 80%，而仅使用一只蝗虫的准确率为 60%。

五、英国"虫"微型无人机

"虫"微型无人机是由英国军工企业联合研发的，首批 30 架已于2020 年 8 月正式交付英国陆军服役。（图 4-34）

"虫"微型无人机具备全天候飞行能力，可以在雨、雪、大风等恶劣天气条件下自主飞行，甚至可以在 8 级大风和复杂地形条件下飞行，包括城市环境和山林地区。该机采用四旋翼布局，机身重 196 克，飞行续航时间约 40 分钟，最高航速可达 80 千米/时，最远操控距离 2 千米。由于机身小，其在空可探测性较低。该无人机主要用于提供战术情报、实现信息共享、增强一线作战部队态势感知能力，并提供决策依据。

图 4-34 英国"虫"微型无人机（图片来自中国军网）

机身装有高分辨率摄像机，可实时回传任务区域高清态势图像，供操控员和其他用户使用。机上可携带麦克风、扬声器、光电传感器等多种载荷，主要执行在目标区域着陆、收集周边环境数据和隐蔽监视等任务。同时，该无人机具备电子对抗和全自动飞行能力，可预先设定任务并自主飞行。

"虫"微型无人机操控简单，对操控员资质要求低，便于广泛使用。与大型无人探测设备相比，其重量仅相当于一台智能手机，具有低风险性和高安全性。此外，该机尤其适合城市作战环境，特别是可使用蜂窝网络进行操控和数据传输，能够较好地克服城市环境中的射频干扰。

除上述优势外，"虫"微型无人机的低廉价格是它的另一大优势。其造价仅相当于美军"黑蜂"微型无人机价格的十分之一，且续航能力在同类产品中最强，因此可作为消耗型侦察装备，用于执行前线侦察、监视和目标捕获等任务。

六、以色列"机器蛇"战场侦察机器人

"机器蛇"是以色列研发的一种外观动作与真蛇一样的战场侦察机器人（图4-35）。其身长6英尺（约1.83米），身形如扭动的竹节一般，由电能驱动，能从蠕动、旋转、滚动和螺旋式行进等多种运动模式中选择最适宜的运动方式行进。该机器人能穿越洞穴、隧道、裂缝等障碍物秘密到达任务地点，并将该区域的声音、图像回传给操作人员。此外，它还可以携带爆炸物到指定地点。

图4-35　以色列"机器蛇"战场侦察机器人（图片来自南方日报）

"机器蛇"战场侦察机器人装有激光雷达摄像机，拥有360度全方位视角，可以扫描周边环境，测定与其他物体间的距离，结合激光测量和摄影测量原理得到点云数据（包括三维坐标、反射强度和颜色信息）。这些数据在"机器蛇"的中枢系统中构建3D仿真模型，从而帮助其寻找有利视线、寻觅藏身之所和划定可能暴露行踪的区域。同时，"机器蛇"还配备了4台定向传声器，能发现正在接近的人类目标。通过比较来自相同声源的声音分别到达4台传声器的时间，

其能计算出声源的方位、距离和移动目标的方向和速度，从而确定是否需要隐藏或如何发动攻击。

主要参考文献

[1] 虹摄.警惕"全球鹰"替代者：美军 RQ-180 高空侦察隐身无人机疑曝光 [N].中国国防报，2020-11-10（4）.

[2] 景淑彤，曹亚铂.俄罗斯中空长航时察打一体无人机："猎户座"无人机 [N].解放军报，2020-11-20（9）.

[3] 叶青.未来战斗系统"黑骑士"无人装甲车 [EB/OL].（2017-06-01）[2022-10-10].https://www.sohu.com/a/147838825_628941.

[4] 成高帅.利用蝗虫辨别爆炸物 [N].中国国防报，2020-11-10（4）.

[5] 成高帅.英国研发"虫"微型无人机 [N].中国国防报，2021-1-12（4）.

[6] 经纬智库.全球无人机大图解 [M].北京：电子工业出版社，2018.

[7] 何萍，阳明，马悦.全球海战机器人 [M].北京：解放军出版社，2012.

[8] 贾进峰，张进秋.全球陆战机器人 [M].北京：解放军出版社，2013.

第五章　高超声速武器装备

高超声速技术一般指的是流动或飞行速度超过5倍声速，即马赫数超过5的飞行器新技术。当前高超声速技术能够广泛地物化为高超声速巡航导弹、高超声速飞机和空天飞机等多种武器装备。高超声速武器具有速度超快、射程超远、精度超高、突防和毁伤能力超强等特点，从根本上改变了传统的战争时空观，成为世界强国争夺非对称战略优势的又一制高点。俄罗斯的"匕首""先锋"等高超声速武器已批量列装，美国则投入巨资加速推进其实战化进程，英、印、澳、日等国也纷纷加速高超声速武器的研制列装。探索高超声速武器的作战运用和重要影响，有助于我们推进空天一体攻防作战体系建设，前瞻创新常规战略打击的作战概念，更好地提升跨域精确作战能力。

第一节　高超声速弹药

中远程高超声速武器弹药主要包括冲压巡航式高超声速导弹、助推滑翔式高超声速导弹两类；中近程高超声速武器弹药主要包括战术高超声速制导导弹、高速动能反坦克导弹、高速火炮、电磁炮等。其中，冲压巡航式高超声速导弹主要指通过采用冲压发动机等推进方式实施高超声速变轨突防的武器系统。助推滑翔式高超声速导弹主要通过一级固体火箭助推到临近空间或大气层外，再依靠重力或者滑翔跳跃实现增速增程的武器系统。

一、高超声速弹药概述

（一）冲压巡航式高超声速导弹

冲压巡航式高超声速导弹是指飞行速度在马赫数 5 以上、飞行高度在 20～40 km 临近空间巡航飞行的导弹。冲压巡航式高超声速导弹主要有空基、陆基和海基三种发射方式，未来可能实现天基发射，其飞行过程可分为助推段、巡航段和俯冲段。随着高新技术的快速发展，冲压巡航式高超声速导弹的发动机推进技术、热防护材料技术、控制与制导技术等关键技术得到了质的提升，即将实现实战化部署。如俄罗斯"锆石"巡航导弹已于 2017 年进行了首次海上试射，并于 2020 年列装，执行战备值班任务，成为首个实战化的高超声速武器（图 5-1）。

图 5-1　俄罗斯"锆石"巡航导弹（图片来自搜狐网）

1. 冲压巡航式高超声速导弹的优势与特点

（1）飞行速度相对较快

冲压巡航式高超声速导弹通过火箭助推器加速至马赫数 3 以上，继而超燃冲压发动机开始工作，将其加速至马赫数 5 以上，进行有动力的高空巡航飞行。2013 年，美国 X–51 实现了速度为马赫数 5.1 的飞行试验；2017 年，俄罗斯"锆石"完成了马赫数 8 的飞行试验。随着关键技术的不断发展，速度可以达到马赫数 10 以上，即 1 小时完成 12000 km 的飞行，飞行时间大幅缩短，提高了攻击目标的突然性和有效性。

（2）对敌防空系统突防效率高

导弹的突防能力主要通过增加速度、提升高度、强化隐身等措施实现。冲压巡航式高超声速导弹飞行速度在马赫数 5～20，极快的速度大大缩短了敌防空系统的反应时间，加之采用先进隐身防护材料，敌防空系统的探测距离、反应时间更随之减少，因此可有效击破敌防空反导系统；同时，其飞行高度在 20km 以上，目前最先进的反导防空系统都难以企及，无法对其进行拦截和抗击，几乎可以实现全突防能力。

（3）实施防区外远距离发射

冲压巡航式高超声速导弹发射平台安全性高。其飞行距离可达 2000 km，足以覆盖世界上大部分国家的国土纵深，通过在国境内陆基机动发射，既可保证导弹发射平台的安全性，又可实现对敌方深远纵深目标的远程打击。

（4）点穴式精确制导打击

目前，冲压巡航式高超声速导弹主要采用惯性制导 / 全球定位系统，采取多模复合的微波和光学复合探测技术、量子成像技术及弹载相控阵雷达、红外导引头和电光传感器技术，结合多元导航信息的融合技术，具有多维、高密度信息处理能力，可快速计算飞行器制导信息，及时得到充分的情报、监视和侦察保障，其命中精度可达 1～3 m，有效实施精确打击任务。

（5）对深埋目标侵彻破坏能力强

导弹的杀伤动能与其打击速度的平方和质量的乘积成正比。目前，高超声速巡航导弹的弹体质量相对弹道导弹较小，但其末端打击速度可达十几马赫以上。试验表明，速度为马赫数6的弹头，对钢筋混凝土、地表面的侵彻深度分别为 6～11m 和 30～40 m。因此，巡航式高超声速导弹可以摧毁任何深层坚固地下高价值目标。

2. 冲压巡航式高超声速导弹的作战运用

鉴于冲压巡航式高超声速导弹飞行快、突防强、飞行距离远、精度高、侵彻强等特点，未来战争中，可对时敏目标、移动目标和严密设防的高价值军事目标实施外科手术式远程精确打击。

（1）斩首作战运用

未来战场将呈现作战进程更快的特点，对随机出现的机动式导弹发射车、间歇开机雷达站、移动指挥中心、临时集结部队、海上忽现的大型舰船等时敏目标的打击至关重要，目前的弹道导弹、亚声速巡航导弹等难以在短时间内对其实施有效打击。因此，可发挥冲压巡航式高超声速导弹速度快、突防强、精度高、射程远等特点，实施斩首打击，即在有限的打击窗口内摧毁时敏目标，达到以点控面，及时摧毁时敏目标和扰乱敌作战部署的目的。

（2）配合作战运用

未来智能化战争，攻防双方对抗将更加激烈，如何有效突破敌针对地面、半地下及地下高价值军事目标的一体化防空反导体系，是实现对其有效摧毁的关键。若采用弹道导弹多弹饱和式攻击，虽突防效率增加，但成本也会大大提高，效费比低。因此，可采取冲压巡航式高超声速导弹与弹道导弹相结合的配合作战方式。

（3）替补作战运用

冲压巡航式高超声速导弹与助推滑翔式高超声速导弹相比，具有基于动力系统的全程机动能力，横向覆盖范围大；与超声速/亚声速巡航导弹相比，具有快速抵达和强突防能力；与常规亚声速/超声速反舰导弹相比，具有射程远、速度快、突防概率高、机动性强等特点。因此，可作为陆基反舰的重要补充打击手段，打击中近程的海面慢速移动目标，取得或部分取得制海权，未来将成为"撒手锏"和"开路先锋"。

（二）助推滑翔式高超声速导弹

助推滑翔式高超声速导弹具有射程远、精度高、机动性强等特点。由于依赖助推火箭发动机技术和强烈的军事需求，因此开展此方面研究的国家主要是美国和俄罗斯等航空航天技术大国。目前，美俄助推滑翔式高超声速导弹的发展已经进入实战化部署阶段。助推滑翔式高超声速导弹的研发攻克了动力系统技术难题，因而在新型高超声速武器家族中进展最快。然而，该类型的高超声速导弹虽然发展较快，但由于其需要火箭助推，且大多为一次性使用，因此受到一定限制，没有冲压巡航式高超声速导弹应用广泛。

助推滑翔式高超声速导弹技术回避了巡航式武器的某些技术问题，但总体看来，助推滑翔式高超声速导弹技术的发展还存在以下高超声速通用性技术障碍。一是结构与材料技术。由于助推滑翔式高超声速导弹比传统的导弹弹头增加了总的载荷和大气层内的气动控制，因而对材料和防热系统提出了新的挑战。例如，HTV-2 无动力滑翔机就不得不利用外部的碳 / 碳复合材料来满足沿发射方向和横向机动的防热要求。而这些新材料的设计与加工技术难度相当大，已经成为阻碍高超声速助推滑翔飞行器发展的主要障碍。二是空气动力控制技术。现有的风洞设备还不能较好地模拟高超声速飞行环境，计算流体力学和飞行试验都存在很大的局限性。目前与高超声速空气动力学、热力学相关的理论、建模、研究方法、计算程序、验证手段等方面还有待进一步研究，无法通过理论计算或地面试验对这些问题进行验证，只有通过昂贵复杂的飞行试验才能检验，这也是该类武器试验失败率居高不下的主要原因。三是制导与通信技术。助推滑翔式高超声速导弹通常要沿着大气层做正弦曲线的往复飞行运动，这种高超声速飞行会产生大量气动加热并在飞行器边缘发生电离现象，造成无线电通信障碍，使大多数制导与通信模式失效。为此，美国空军在 2012 年 11 月提出了"国防科学技术愿景"，要求为 2020 年前开发高超声速打击武器而发展新型的多模态寻的器、GPS 系统无效环境下高速制导系统等技术。

二、高超声速弹药研发现状

从国外高超声速巡航导弹技术研制的最新进展来看，当前美国仍然领先于世界上其他国家。随着俄、印、德、法等国高超声速巡航导弹技术的不断发展和运用，美国一家独大的局面即将被打破。一体化设计、智能化控制、通用化发展、实战化运用已成为高超声速弹药的未来发展方向。

（一）美国

从 20 世纪 90 年代中期开始，美国国防部高级研究计划局、海军先后发起多个高超声速导弹发展项目，其中尤以"快鹰"(fasthawk) 巡航导弹、高超声速打击导弹和联合高超声速巡航导弹最为引人注目。近年来，美国为实现全球快速打击能力，制定了高超声速弹药的发展规划。经过多次试验，关键技术得到突破，重点进行了以下几项武器项目研制。

1. "X–51A"乘波者高超声速巡航导弹

"X–51A"乘波者是一种吸气式高超声速巡航导弹，采取乘波体的气动布局设计，其尖锐的前缘使之具有小激波阻力（图 5–2）。在动力方面，采用固体火箭助推器和亚燃 / 超燃双模态发动机，燃料为碳氢混合燃料。该技术标志着碳氢燃料超燃冲压发动机技术和可变几何进气道技术进入了技术应用阶段。飞行过程中采取 GPS 和信息网络系统（information network system，INS）组合导航系统，命中精度已达米级，同时能确保在 GPS 受到干扰和压制的情况下，仍可利用 INS 导航系统完成导航和定位任务，增加了导航的稳定性和有效性。2013 年 5 月 1 日，该导弹的验证机在第 4 次试验中获得成功，在 27 km 的高度实现了马赫数 5.1 的飞行，并且射程为 1200 km，初步具备了美军 1 小时内打击全球任何目标的能力，主要应用在打击时间敏感目标或固定高价值军事目标上。

图 5-2　"X-51A" 乘波者高超声速巡航导弹（图片来自搜狐网）

2. HAWC 吸气式高超声速武器方案

2014 年，美空军提出了 HAWC 研制项目，目的是对机体 / 发动机一体化技术、制导控制技术和武器系统进行研究。采取了腹部进气和全动舵面的一体化翼身融合布局，具有外形隐身、航程远、质量轻及设计简单等特点，能以马赫数 5、高度 18 ～ 24 km 进行高超声速巡航，射程为 925 km，主要对战场上的时敏目标、敌防空作战系统、高度防御目标等实施远程响应打击。2018 年 5 月 25 日，美国《防务内情网站》报道称，美国防部正在探索一种潜在的新式高超声速空射巡航导弹——HAWC 的海军改进型，希望可以与美海军在 HAWC 项目上进行合作，并且在 HAWC 项目后续的作战能力方面开展进一步合作。

3. HSSW 高超声速打击武器

2013 年，美国国防部高级研究计划局分别授权洛马公司、雷神公司、波音公司 3 家公司共同对 HSSW 高超声速打击武器项目进行研究。研究主要围绕 HSSW 高超声速打击武器在复杂环境下的生存能力、目标定位识别能力、自主规避威胁区能力、干扰下的高精度目标导引能力。HSSW 高超声速打击武器采用了扁圆的外形，非对称尾舵布局，轻质、紧凑、高效的双模态冲压发动机设计，飞行速度为马赫数7，射程为1000～1800 km，飞行高度为18～22 km，可装备第5代战斗机，实现对时敏目标和严密设防目标的快速精确打击。

4.HCSW空射型高超声速常规打击武器

2017年7月，美空军装备司令部发布了关于HCSW空射型高超声速常规打击武器的招标预告，旨在研制和部署适应新型战斗机和轰炸机挂载的空射型高超声速导弹。将采用GPS/惯性复合制导的导航方式，配装现有战斗部，主要用于在反介入区域拒止（Anti-Access/Area Denial，A2/AD）的环境下对高价值时间敏感或移动部署的目标实施防区外的远程快速打击任务。2018年4月18日，美空军装备司令部授予洛马公司高超声速常规打击（HCSW）合同，总价值为9.28亿美元，由其完成项目的全部设计、开发、工程研制、系统集成、试验、后勤规划和飞机集成支持等工作，该项目直接由美空军部长指导，体现对该项目的重视程度和最高的优先级别。高超声速常规打击武器（HCSW）项目于2021年下马。根据2023财务预算提案，空军正在全力推动高超声速攻击巡航导弹（HACM）项目研发。

（二）俄罗斯

俄罗斯在20世纪80年代就开始了高超音速导弹研发计划，冷战后研究受到一些影响，进入21世纪后，俄重启了高超声速武器研究。自2010年以后，俄罗斯采取了"吸气式巡航＋助推滑翔"两种技术方案并举、兼顾战略与战术射程的思路，加快了高超声速武器的发展进程。

1."先锋"高超声速助推滑翔导弹

采用楔形弹头的"先锋"高超声速助推滑翔导弹（图5-3）能够在洲际范围内以马赫数20的高超声速在稠密大气层中飞行，目前已经完成试验，进入系列批产阶段。俄罗斯在《2018—2027年国家装备发展规划》中发展安装"先锋"弹头的"萨尔马特"导弹，射程可达15000 km。

图5-3　"先锋"高超声速助推滑翔导弹

（图片来自搜狐网）

2."匕首"高超声速巡航导弹

"匕首"高超声速巡航导弹由俄罗斯空军研制生产，采用惯性/卫星混合制导方式（图5-4）。该制导方式可以对导弹在各飞行阶段修正航向，命中目标精度达5～7 m，装有多功能战斗部；通过固体燃料推进，速度可达马赫数10，射程为2000 km，由米格-31机载平台发射，能够在数分钟内打击目标。主要威慑和打击严密设防的大型水面舰艇等高价值移动目标，帮助俄军塑造中东、北非等地区的军事安全态势。

图 5-4　"匕首"高超声速巡航导弹（图片来自搜狐网）

3. "锆石"高超声速巡航导弹

2017 年试射的"锆石"高超声速巡航导弹重约 5 吨，射程约 400 km，试验最大速度达到马赫数 8。导弹拥有一个雷达导引头和一个能够跟踪和探测目标的光电复合导引头。导弹可以从陆地、海上和水下发射，两分半钟内就能飞行 250 km，整个打击过程只需 240 秒，未来配装平台包括"亚森"级核潜艇、"哈斯基"级核潜艇、"彼得大帝"号核动力巡洋舰及飞机等。

4. "布拉莫斯 -2"高超声速巡航导弹

俄罗斯和印度联合研制的"布拉莫斯 -2"高超声速巡航导弹是"锆石"导弹的出口改进型。"布拉莫斯 -2"采用超燃冲压发动机，燃料为液体、固体或混合燃料，可进行自主制导飞行，能以马赫数 5 ～ 7、高度 30 ～ 35 km 高空巡航，射程为 300 km，具备较高的突防能力，具有陆射、空射、水面和水下 4 种发射方式。

（三）法国

随着技术的不断成熟和发展，法国等欧洲国家也逐步加入高超声速巡航导弹的研制。这也是不可忽略的研制力量，在未来的高超声速武器中将占据一席之地。

普罗米修斯空射型高超声速巡航导弹由法国航空航天研究院（ONERA）和法国马特拉公司研制。采用半椭圆外形的无翼乘波体，弹长6 m，以碳氢燃料的双模超燃冲压发动机为动力，最大速度为马赫数8。法国在2003年启动了为期10年的飞行试验计划项目（LEA），旨在开发研究方法，并进行相关演示与验证工作。

2014年，法国对ASN4G"阿斯姆普–A"空射巡航核导弹进行了改造，目标是研发高超声速技术，并在2035年前研制出破击防空系统的高超声速巡航导弹。该项目预计速度达到马赫数7～8，导弹长度20 m，采用机载发射方式，载机将是类似于空客A400的运输机。

第二节　高超声速飞行器

高速、隐身、远程、快速机动是未来飞行器发展的一个方向和重点，是实施远程侦察、察打、攻击的战略利器和"撒手锏"。

一、高超声速飞行器概述

高超声速飞行器是指以高超声速吸气式发动机（超燃冲压发动机）及组合式发动机为动力、在大气层和跨大气层中实现高速远程飞行的飞行器，包括高超声速飞机和空天飞机等。与火箭和航空涡轮发动机为动力的飞行器相比，高超声速飞行器具有两大独特优点：一是不需要携带氧化剂，可直接从大气中吸取氧气，并可以依靠气动力飞行，有效载荷大，能进行机动、长时间的高超声速飞行，且飞行成本低，可控能力强，安全性好，并可长期重复使用；二是突破了航空涡轮发动机飞行器的限制，能在 30 km 以上高空以高超声速飞行，并能水平起降。但在大气层中飞行，必须克服一系列问题，如燃料在超声速气流中的点火、稳定燃烧，并获得正推力的问题及非常严重的飞行器气动加热问题。因此，研制高超声速飞行器必须在发动机、结构技术和材料方面取得重大突破。

（一）高超声速飞行器关键技术

高超声速飞行器飞行马赫数的范围很宽，要跨越亚声速、跨声速、超声速 3 个阶段，才能进入高超声速。同时飞行器要从稠密大气层冲向稀薄大气层，其空气密度变化也很大，这就给飞行器的设计带来很大困难。因此高超声速技术研究必须克服大量的关键技术，这些技术主要包括高超声速推进技术、飞行器一体化设计技术、高超声速空气动力/热力学技术、结构材料工艺技术等。随着高超声速武器技术的成熟发展，目前上述关键技术又有各自的重点研究方向。

1.高超声速推进技术

当前，各国发展高超声速推进技术主要选用的推进系统是超燃冲压发动机，由于高超声速空气在燃烧室中滞留时间通常只有 1.5 毫秒，要想在这样短的时间内将其压缩、增压，并与燃料在超声速流动状态迅速、均匀、稳定地完成高效率混合和燃烧是十分困难的，因此需要对发动机的尺寸、形状、燃料种类、喷注器设计、燃烧机理等多方面的因素进行综合性讨论和试验研究。目前该技术领域的研究重点主要有动力装置总体方案研究、冲压发动机进气道设计理论与试验研究、燃烧室设计和燃烧室试验研究、冲压发动机喷管及利用飞行器后体补充膨胀研究、对先进控制和燃料供给系统的研究等。

2. 一体化设计技术

高超声速飞行器必须采取全面的一体化设计技术。其中飞行器机体和推进系统的一体化设计已成为最后确立整机性能的关键，高超声速飞行器的飞行速度越高、范围越宽，这个问题越突出。目前一体化设计技术的研究重点主要包括：气动设计一体化，不仅要考虑减小阻力、增加升力，还要考虑气动加热、热防护；结构设计一体化，特别是热结构；燃料供应与冷却系统设计一体化；飞行器各子系统及各主要设计参数的动态与静态一体化设计；发动机推力控制与飞行器飞行控制一体化设计；等等。

3. 空气动力／热力学技术

确定飞行器上的气动力／热载荷对于高超声速飞行器的设计是非常重要的，因为高超声速飞行器通常要求尽可能地减轻结构质量，因此，高超声速空气动力／热力学技术对发展高超声速飞行器技术是非常关键的。当飞行器以高超声速飞行时，会产生很强的激波，激波与附面层之间产生相互干扰，在高超声速气流驻点附近产生极高的温度，能使附近的气体分解和电离，形成相当复杂的混合气体，使得高超声速气流的研究成为非常复杂的问题。另外，现有的风洞设备还不能较好地模拟高超声速飞行环境，而计算流体力学和飞行试验也都存在很大的局限性，因此必须一体化地综合运用这三种设计工具。目前，与高超声速空气动力／热力学技术相关的基础理论、建模计算及试验验证手段还有待深入研究。

4.结构材料工艺技术

高超声速飞行器通常要求尽可能减轻结构重量，并克服气动加热问题。因此，长寿命、耐高温、抗腐蚀、高强度、低密度的结构材料对研制高超声速飞行器是非常关键的。即使制造高超声速飞行器的飞行试验样机，也必须在材料与结构技术方面取得突破。如美国的 X–43A 头部采用钨，机翼前缘与垂直安定面采用碳 / 碳复合材料，机翼采用哈氏钴 – 铬 – 钨 – 镍合金，飞行器的外表面覆盖耐热陶瓷瓦。结构材料技术领域的研究重点有轻质、高强度、耐高温材料和热防护 / 热管理技术。目前正在研究的新材料有铝锂合金和钛合金等轻金属材料、钛基材料等金属基复合材料、聚合物基复合材料、陶瓷基复合材料等。

（二）高超声速飞机

与普通作战飞机相比，高超声速飞机能在两小时内快速抵达全球任何地区执行各项军事任务，尤其是在实时侦察、远程快速部署和精确打击等方面具有明显的军事价值。高超声速侦察机实施实时侦察有独特的优越性。目前，各国主要依靠卫星和有（无）人侦察机执行侦察任务，这两种侦察手段均有局限性，特别是在对一些重大突发事件的实时侦察方面存在明显不足。高超声速飞机具有突防能力强、被拦截概率小、能深入敌纵深进行侦察的特点，可按任务专门派出，在很短的时间内到达全球任何热点地区实时侦察，迅速提供信息保障。高超声速运输机可实现全球快速部署军事力量。高超声速攻击机配挂精确制导弹药，以高空、高速进入或退出目标区，不仅可以有效实施快速精确打击，还能提高攻击机自身的生存能力。此外，高超声速飞机在攻击、侦察和运输等领域的应用，必将导致以空战为主要任务的高超声速战斗机的出现，高空大气层的空战将不可避免。除上述军事用途外，高超声速飞机还作为可重复使用的二级入轨航天运载系统的第一级以及全新一代的民用运输工具。目前，在这方面的研究计划主要包括美国 NASA 的 Hyper－X 计划和日本的高超声速运输机（HST）计划。

（三）空天飞机

在军事应用方面，空天飞机可以承担高超声速飞机的所有任务，同时对航天发射和空间控制也具有特殊的意义，作为一种战略武器执行打击任务，由此将战争真正扩展到太空，极大地改变未来战争的形态。空天飞机将作为反卫星武器平台、监视和侦察平台及天基系统的支援平台，在未来的空间控制和空间对抗中将发挥重要作用。它特别适合未来信息化战争，可迅速回收或部署卫星，检查来历不明和可疑的轨道飞行目标，捕捉或摧毁对手的航天器。此外，在快速发射和降低航天发射费用方面，空天飞机也具有明显的潜力，将成为未来航天发射的重要力量。在民用方面，空天飞机将提供一种崭新的通向空间的途径，其发射成本将比现有的运载工具降低两个数量级，达到 2000 美元／千克，安全性提高 1000 倍，并且运行方便、快捷。

美国在国家空天飞机计划下马后并未停止对空天飞机的发展，而只是将其列为远期发展目标。目前重点针对以火箭为基础的吸气式组合循环发动机（rocket based combined cycle，RBCC）开展研究工作，并提出了多种方案和设想。法国和俄罗斯的一个联合小组也已对可将重量为 500 吨的空天飞机送入太空的全尺寸吸气式发动机进行理论研究，这种发动机的试验型可能在未来几年内研制出来。印度早先于 1998 年提出的艾瓦塔（AVATAR）也是一种小型的空天飞机。

二、高超声速飞行器研发现状

高超声速武器的独特优势对未来战争形态的改变将是颠覆性的，以美俄为代表的世界各国竞相研发并展开激烈角逐。积极跟踪美俄和其他国家高超声速飞行器研发现状，分析其发展态势，对我们研究高超声速飞行器的全新作战理论、加速战斗力提升具有借鉴意义。

（一）美俄高超声速飞行器研发现状

美国从一开始就从"可重复使用、低成本"考虑，重点研发高超声速飞行器，并取得明显进展。目前主要有三款飞机分别在论证、试验及实战部署阶段。一是"黑鸟"SR-72高超声速飞机的论证设计。该机设计飞行速度为6马赫，计划用于该机的"涡轮火箭组合循环"发动机已取得进展，整机计划于2030年首飞。为适应美军"发现即摧毁"战略，该机被设计成一款高超声速察打一体无人机。二是X-37B高超声速空天飞机正在进行作战功能试验。本书第四章第一节"空中（太空）无人作战平台"介绍了这款新装备。三是"曙光女神"高超声速侦察机已经实战部署。尽管美军官方一再否认该机的存在，但从国会预算、媒体追踪报道、民间多次目击报告等越来越多的证据表明，该机已存在多年。据称，该机已多次试飞，速度为马赫数4.5～6，飞行高度达38.8 km，是新一代战略侦察机。

俄罗斯高超声速武器发展战略决定了其高超声速飞行器发展滞后于高超声速导弹。2012年8月，高超声速隐身战略轰炸机PAK-DA初步设计完成并获得批准，2013年3月，项目获批。PAK-DA项目秉承"突破美军导弹防御系统"这一战略指导思想，设计要求能从太空发起核打击，并能在1～2小时内到达全球任何地方。

（二）其他国家高超声速飞行器研发现状

高超声速飞行器平台是日本高超声速武器项目的一个主攻方向，并已在这一领域积累了相当丰富的平台研制和试验经验。早在 20 世纪 80 年代末期，日本就开始了空天飞机项目的研制，即 HOPE 系列"宇宙往返机"。近年来，相关项目的高速飞行验证促进了自动飞行控制技术的发展，在试验飞行器的设计方面取得了较大进展。而后，日本在升力体飞行试验技术验证机（LIFLEX）项目上也完成了一系列试验和研究工作。

英国早在 20 世纪就开始了对空天飞机及其发动机的研制探索，现阶段最重要的高超声速项目"佩刀"发动机和"云霄塔"空天飞机的前身，便是 20 世纪 80 年代英国发动机巨擘罗尔斯 – 罗伊斯公司研制的 RB 545 "吸气式氢氧发动机"和英国航空航天研究院于 1985 年启动研制的"霍托尔"单级入轨空天飞机。

高超声速技术的应用潜力也引发了印度的极大兴趣，由其国防研究与发展组织负责牵头，规划了数个高超声速飞行计划。由于高超声速空天飞机是一个由多个子系统组成的庞大系统工程，因此印度的空天飞机研究计划包括太空舱回收试验、可重复使用运载器、超燃冲压发动机开发和高超声速技术验证器（hypersonic technology demonstrator vehicle, HSTDV）。其中，HSTDV 项目作为高超声速技术的核心部分，被倾注了最大的力量和最多的心血。另外，印度政府已在 RLV–TD（可重复使用运载火箭技术演示）项目上投资了 9.5 亿卢比，RLV–TD 空天飞机技术验证机目前正处于可重复使用火箭的初步发展阶段，预计在 10 ～ 15 年完成实用化的可重复使用运载器的研制。

此外，澳大利亚、巴西还与俄罗斯和欧洲一些国家联手推进了"高超声速飞行试验 – 国际合作"(Hexafly–Int) 项目。

第三节　反高超声速武器

美俄等军事大国在加快发展高超声速武器的同时，也开始高度关注高超声速武器的防御问题。俄罗斯总统普京于 2019 年公开表示，要在别国获得高超声速武器前，获得对抗这种武器的手段。美国近几年受到来自俄罗斯方面发展高超声速武器的压力，感到利用高超声速武器制造技术突袭的优势逐渐被"抵消"，一方面加快了高超声速武器技术的转化应用，另一方面开始全面布局高超声速目标防御技术研究，力争实现高超声速领域攻防兼备的发展。高超声速进攻性武器刺激了防御性武器——反高超声速武器的发展，呈现攻防手段相互促进、共同发展的局面。

一、反高超声速武器概述

（一）反高超声速武器的目标防御难点

以助推滑翔式高超声速导弹和冲压巡航式高超声速导弹为代表的高超声速武器对防空反导体系构成了巨大的挑战。反高超声速武器的目标防御难点主要体现在以下方面。

一是难以探测。高超声速巡航导弹速度通常在马赫数 5 ~ 8，超燃冲压发动机工作高度通常在 20 ~ 35 km，使传统防御武器探测距离大大缩短，武器系统反应时间也相应缩短。助推滑翔弹头释放初期的速度达 20 马赫，主要滑翔飞行段高度在 35 ~ 75 km，滑翔速度大多在马赫数 12 ~ 15。与弹道导弹相比，其飞行高度更低，打击同一目标飞行距离更短，使得防御系统的探测装备难以对其进行远距离探测。

二是难以跟踪。高超声速武器作战空域属临近空间，目标与环境特性复杂，等离子鞘套现象会造成目标雷达截面值的变化和起伏；目标自身红外特性也极为复杂，某些波段的辐射强度会减弱，出现红外吸收峰。此外，高超声速巡航导弹高温尾迹和超燃冲压发动机的喷焰等还会对瞄准点选择产生不利影响。由于目标与环境特性复杂，且目标高速机动飞行，大气密度变化剧烈，致使对其进行稳定探测跟踪难。

三是难以预测弹道。高超声速飞行器借助临近空间实施突防，纵向采用非弹道机动飞行，横向具有大范围机动能力，其相比弹道导弹，轨迹不易预测，传统基于反导的惯性飞行力学的跟踪滤波和弹道预测方法难以对其进行高精度弹道预报。

四是难以拦截。高超声速武器主要飞行在现有防御系统的主要防区外，其长时间大机动能力增加了拦截难度，导致现有防空反导拦截武器均不具备拦截高超声速武器的能力，且在末段拦截作战效能很低。

（二）反高超声速武器技术发展对策

应加快预先研究高超声速武器防御体系。目前，美海军"宙斯盾"舰载防空系统对战斗机、反舰导弹等空中目标的作战反应时间为 30 秒，可拦截亚声速反舰导弹，而高超声速武器则直接将反应时间压缩到 5 秒以内，换言之，现有的传感器及对空导弹防御系统极难追踪高超声速导弹，响应与拦截更是望尘莫及。在高超声速领域，供给与防御的技术平衡被打破，被动防御的一方几乎没有胜算。这就要求防御一方加快预先研究新式武器防御体系，满足对抗高超声速武器作战的需求。一是发展能够跟踪高超声速武器的天基微型传感器，保证其精度能达到要求，能够准确有效地跟踪目标，从而快速提供相关数据，协助防御系统进行预警、追踪与弹道预测。二是依托卫星群，组成新型探测卫星星座，填补现有天基预警系统能力的空白。未来几年卫星的扩散将产生广泛的军事效应，也为建立新型高超声速武器防御体系提供了一条切实可行的路径。三是发展网络化指挥控制技术，完善防御体系。未来高超声速武器防御作战要求指挥控制系统能实现陆、海、空、天传感器实时动态接入和信息融合处理，网络化指挥控制系统需要具备反应快、抗干扰、生存强等特征，相关关键技术还需要进一步研究突破。

应反客为主，如发展"光速"与"高超声速"进行对抗。现代战争进攻易于防守，换言之，进攻就是最好的防御。虽然现有的防御反导体系无法应对高超声速武器，但天基激光武器、高能微波武器、电磁轨道炮等新概念武器正在快速发展，且都极具战略意义，可考虑选取一类加速推进，一旦关键技术取得进展甚至突破，就可能衍生出新一代"光速"级武器装备，并在战场上用于威慑和防御高超声速武器，形成以"光速"量级对抗"高超声速"量级的不对称作战，反客为主，抢占先机。

二、反高超声速武器研发现状

（一）美国

防御能力与进攻能力总是相辅相成的。当前，美国极其关注并引领世界高超声速武器防御技术发展。除利用现有弹道导弹防御系统外，自 2018 财年开始，美国导弹防御局将"高超声速研究"项目列入预算开展研究。在 2019 财年预算中，美国导弹防御局提出未来 6 年投入 7.32 亿美元发展高超声速防御能力。美国导弹防御局探索了多途径高超声速防御作战概念和装备概念。2018 年 9 月 26 日，美国导弹防御局与 8 家承包商签订了 21 份"高超声速防御武器系统概念定义"合同，涉及动能与非动能、陆空天基、改进与新研、助推段与末段拦截等多种概念方案，并提出"对现有探测与指控系统持续升级，研究动能和非动能武器来形成高超声速飞行器的杀伤链"。未来很可能会在导弹防御系统的基础上，通过新研、升级及改进传感器和拦截武器的方式，使导弹防御系统具备对高超声速目标的防御能力。

近年来，作为应对高超声速武器威胁的过渡方案，美国除正在研制增程型 TNAAD-ER 拦截弹外，还提出"标准-6"拦截弹同样具备反高超声速武器的潜力。远期，美国准备采用激光武器、轨道炮甚至天基卫星反导系统等，提升对高超声速武器的拦截能力。与此同时，美国为有效跟踪和瞄准高超声速目标，正计划通过升级地基雷达、部署高空无人机及天基卫星平台、小卫星星座等，将雷达和天基传感器网络联合起来，发展持续监视并覆盖全球的高超声速武器探测系统，用于开展太空传感器技术、多域指挥控制能力升级等，以完善反高超声速武器全杀伤链技术，在 2019 年前实现对大部分高超声速威胁的实时预警。美国空军正在加速更新的美军下一代导弹预警卫星系统，将可用于探测高超声速武器目标。通过新老手段结合，全力发展反高超声速武器技术，美国或将在 2025 年左右研制出反高超声速武器。

（二）俄罗斯

俄罗斯认为"远程常规高精度武器的威胁已经接近战略核武器水平"，并提出"应对这种武器的打击应作为 2020 年前俄军装备建设的优先发展方向"。目前，俄罗斯正在完善相关武器系统，使军事对抗的战场高度提升并扩展到临近空间及太空领域。如俄罗斯先前研制的 C-500"普罗米修斯"地空导弹武器系统，除了具备反导、反低轨卫星和反常规空气动力类目标能力，已明确提出可拦截高超声速巡航导弹。C-500"普罗米修斯"地空导弹武器系统是俄罗斯金刚石 - 安泰防空公司研制的新一代防空导弹系统。据报道，C-500"普罗米修斯"地空导弹武器系统作为俄罗斯战略导弹防御系统的组成部分，除了具备反导、反低轨卫星和反常规空气动力类目标能力外，还可拦截速度马赫数 5以上的高超声速巡航导弹和高超声速飞机等目标。此后，俄又推出了S-500"普罗米修斯"地空导弹武器系统。根据俄官方的说法，S-500"普罗米修斯"地空导弹武器系统不仅能够对付各类空气动力目标、临近空间目标和各类弹道式目标，还能够应对低轨卫星等航天轨道目标，是世界上首型多系列导弹综合集成一体构成的远程防空 / 防天 / 反导 /反高超声速武器大系统，可将该武器系统归于第一代太空防御系统。

（三）欧洲

欧洲导弹集团（Matra、BAE Dynamics and Alenia, MBDA）研制的"阿斯特"30 Block 2（ASTER 30 Block 2）拦截弹作战斜距 30 ~ 80 km，作战高度为 20 ~ 70 km，可拦截射程 3000 km 的头体分离战术弹道导弹。导弹第一级由助推器、推力矢量系统和尾裙组成，尾裙可向外扩张以增加导弹在大气层内飞行时的稳定性；第二级采用双推力或双脉冲固体火箭发动机，用于增加射程和改善速度特性；第三级采用红外导引头和固体燃料姿轨控拦截器，拦截器重量约 100 千克。经分析，"阿斯特"30 Block 2 导弹可在 20 ~ 70 km 临近空间执行反导作战，其双脉冲固体火箭发动机、轻质化固体燃料姿轨控拦截器和红外成像导引头可为拦截高超声速目标提供技术储备。

三、反高超声速武器技术发展趋势

随着高超声速飞行器的快速发展，与之对抗的新一代防御武器技术也在向前发展，未来反高超声速武器技术的发展趋势呈现以下特征。

（一）多平台预警探测技术

在依赖现有导弹防御系统、预警探测系统特别是地基雷达探测的基础上，美国正在布局发展多平台预警探测技术，整合陆、海、空、天等多源探测信息，实现对高超声速武器的尽早尽远发现。2017 年 3 月，美国导弹防御局发布了可跟踪高超声速滑翔弹头的"天基躲开探测器"项目招标公告，提出利用两颗低轨微卫星组成"双星系统"，演示验证用于跟踪高超声速滑翔弹头的探测器、光学组件、通信、精确指向等关键技术，为未来发展覆盖全球的高超声速弹头武器——天基预警与跟踪系统提供技术支撑。美国导弹防御局考虑未来利用多颗搭载"天基躲开探测器"的微卫星，组成新型探测卫星星座，填补现有天基预警系统能力的空白。该星座首先覆盖美国关注的热点区域，然后通过增加星座内卫星的数量，实现全球覆盖。

（二）网络化指挥控制技术

为应对未来高超声速武器防御作战要求，指控系统首先要实现陆、海、空、天基传感器实时动态接入和多源信息融合处理。一是采用网络化设计技术，通过高速保密的信息传输和作战过程决策模型设计，完成信息处理和综合分析，形成系统作战指挥对策；二是采用先进的可变中心组网等技术进行系统的互联互通，使防空体系具有开放性，便于系统的扩充和升级。其次要对高速目标的拦截作战更加注重信息传输和处理的实现性，重点解决时空一致性、系统误差补偿等关键技术。未来网络化指挥控制系统还将具备快速反应能力、强干扰能力、高生存能力等特征。

（三）拦截武器技术

在拦截武器技术发展方面，美国和俄罗斯一方面改进现有防空反导系统，实现对高超声速武器的拦截。如美国提出改进"萨德"系统，利用两级火箭推进的"萨德"增程型实现对高超声速武器的拦截；俄罗斯将防御高超声速武器纳入 S-500 系统作战任务。另一方面美国大力推动技术创新，力求在新型高超声速武器拦截器技术方面取得突破。美国国防部高级研究计划局开展了"滑翔破坏者"拦截器项目研究，研究一个或多个防御系统所需的各种"组件技术"，从根本上降低了硬杀伤系统的开发和集成风险。2018 年 9 月 5 日—7 日，美国首次展示了"滑翔破坏者"拦截器的概念图，11 月 6 日，美国国防部高级研究计划局战术技术办公室公开发布了"滑翔破坏者"项目招标文件，要求 12 月 21 日前提交竞标方案书。8 月 24 日，美国导弹防御局发布了"高过载气动控制"项目广泛机构公告，寻求应用于高超声速拦截弹的高过载机动气动控制技术，最大限度地提高拦截弹的机动性和动能损失，使拦截弹在高超声速飞行状态下实现受控飞行。

（四）先进火箭发动机技术

临近空间高超声速目标的速度快且具有大范围机动能力，要求拦截导弹也具有较高的飞行速度和较强的轨迹修正能力。如美国"标准"系列导弹和欧洲"阿斯特"系列导弹为适应不同作战需求，通过换装动力系统和制导装置实现了弹族化，两型导弹助推级均采用大推力固体火箭发动机，不仅大幅提高了导弹飞行速度，还能通过能量管理满足拦截不同射程目标的需要；导弹主级则采用双推力或双脉冲固体火箭发动机，不仅可增加射程，还可改善导弹速度特性并提高机动能力。

（五）稀薄大气层制导控制技术

临近空间空气密度低，采用气动控制的传统防空导弹气动效率降低、响应变慢、脱靶量增加，对付高空高速目标能力不足。新一代拦截弹如俄罗斯装备的 96M6 防空导弹和欧洲"阿斯特 –30"导弹均采用直 / 气复合控制技术，末端由轨控直接力提供法向过载消除脱靶量，大幅提高了对高空机动目标的拦截能力，作战高度扩大到 30 km。美国则一直追求能满足大气层内直接碰撞杀伤需求的动能拦截器技术，重点解决稀薄大气层内气动力和直接力相互作用所产生侧喷干扰效应问题，且不断提高拦截器机动能力，据报道，"萨德"改进型动能拦截器最小作战高度已降至 20 km。

（六）电子战干扰技术

除研制新型反导系统，探测、拦截高超声速武器的技术路径外，反高超声速技术领域还有"新招"。比如俄罗斯于 2020 年研发了用于干扰高超声速武器的电子战系统，该系统能在高超声速武器飞行末段压制其制导系统，主要用于干扰采用光电、雷达和卫星制导方式的高超声速导弹，阻止其精确打击目标。据介绍，该新型电子战系统能够识别高超声速飞行器的类型、制导方式，并确定干扰方式。这是对抗高超声速武器最廉价且有效的办法，与建立反导系统相比，这一方法更容易实施。电子战系统可作为现有反导系统的有效补充，阻止敌方高超声速导弹摧毁目标。当前，俄军装备的部分电子战系统已能干扰高超声速武器,如"季夫诺莫里耶"系统和用于干扰预警机的"克拉苏哈 –2"系统。

主要参考文献

[1] 吴永亮，朱丰.高超声速武器作战运用及影响启示 [J].军事学术，2019(3)：59-60，80.

[2] 胡晓磊，殷大虎，陈烺中.临近空间高超声速武器对空天安全的影响 [J].中国军事科学，2019(3)：68-72.

[3] 李峰，王新.美俄高超声速武器研发现状及影响 [J].军事学术，2019(8)：78-80.

[4] 郑永瑛，陈玉波.美高超声速武器发展现状及防御之策 [J].长缨，2019(7)：7-8.

[5] 叶喜发，张欧亚，李新其，等.高超声速巡航导弹的作战运用及对未来战争的影响 [J].飞航导弹，2019(4)：38-41.

[6] 赵群力.航空武器装备技术创新发展 [M].北京：航空工业出版社，2019.

[7] 程小震，毕义明.临空高超声速巡航导弹发展及防御对策 [J].空军工程大学学报（军事科学版），2019(2)：50-53.

第六章　认知域对抗武器装备

人类战争史上，"不战而屈人之兵"一直为古今中外军事家推崇。现代战争的作战空间已经形成物理域、信息域、认知域三大作战域，认知域成为继前两者之后大国博弈和军事对抗的新热点。随着军事系统从"物质系统""能量系统"向"信息系统"及未来的"智能体"演进，认知域作战将通过新型特殊武器装备直接作用于对手大脑，影响其情感、动机、判断和行为，甚至达成控制大脑的目的。大脑作为认知载体，或将成为未来战争的主战场。"制脑权"是认知域作战的关键所在，或将成为战争制权的最高层次。

第一节　探脑研究

当前，人类已进入高速发展的后信息化时代。这一时代的典型特征就是"个体智能化"，人接收的信息输入及与周围环境的交互协调越发丰富。近年来，云计算、物联网、可穿戴设备、数字化智慧城市等新智能浪潮和颠覆性技术的涌现，使人类社会对大脑思维及行为指令的理解与运用达到全新高度，人脑智能与思维意识的主宰性和引领性得到前所未有的强化。在此背景下，对大脑奥妙的探索及开发利用的重要性、迫切性凸显出来。

一、脑科学研究进展

人脑大约有 1000 亿个神经元，是人体中最复杂的部分，也是宇宙中已知最复杂的组织结构。自有人类历史记录以来，大脑奥秘始终是人类关注和探索的热点，更是现代科学面临的最大挑战。随着生物学、医学、神经科学和认知科学的发展，人类深刻认识到脑科学研究对人类健康、认知、国家安全等领域的战略意义和深远影响，探索大脑的科学热情更加高涨。

进入 21 世纪后，随着新型成像技术、汇聚技术及基于计算和信息通信技术平台的出现，真正开启了脑科学研究的时代，神经环路、计算神经科学、脑机接口等领域不断取得突破。同时，世界各大国纷纷开展"脑科学计划"，并将其纳入国家级科研计划，视为国家战略。"脑科学计划"主要包含以探索大脑秘密、攻克大脑疾病为导向的脑科学研究和以建立、发展人工智能技术为导向的类脑研究，旨在探索大脑运行机理、增进精神卫生和防止神经疾病、发展人工智能技术，最终达到认识大脑、保护大脑和创造大脑的目标。

基于特有的科技研发体制机制、投入框架、系列科技战略倡议等因素，美国政府将脑科技置于科技创新体系的核心地位。2004 年，美国推出"神经科学研究蓝图"框架。2011 年，发布神经科学十年计划：从分子到脑健康。2013 年 4 月，美国政府正式公布"推进创新神经技术脑研究计划"，宣布在大脑结构图建立、神经回路操作工具开发、大规模神经网络记录技术开发等 9 大研究领域开展重点资助研究，大幅提升脑科技在国家科技战略体系中的地位。2018 年 11 月，美国国立卫生研究院宣布了"脑计划"新一轮资助计划，为 200 多个新研究项目提供超过 2.2 亿美元的资助。几十年来，美国脑科学可谓积累雄厚，据粗略统计，20 世纪以来，百年诺贝尔奖有 20 多次颁发给神经科学领域相关研究，美国科学家获奖数量占 50%。

2002 年至 2009 年，欧盟对 150 余个脑科学研究项目展开大规模资助。在此基础上，2013 年，欧盟正式提出"人脑计划"（HBP），宣布将"人脑工程"列入"未来新兴技术旗舰计划"，力图汇集多方力量，为基于信息通信技术的新型脑研究模式奠定基础，加速脑科学的成果转化。该计划由瑞士洛桑联邦理工学院统筹协调，欧盟 130 家有关科研机构共同参与，预算高达 12 亿欧元，预期研究期限为 10 年。旨在深入研究和理解人类大脑的运作机理，在大量科研数据和知识积累的基础上，开发出新的前沿医学和信息技术。

此外，加拿大、日本、德国、法国、英国等国家也先后推出本国的脑科学研究计划，主要聚焦在研究各种脑功能和脑疾病的机理上，希望抢占该领域未来技术制高点、掌握未来战略主动权。与此同时，许多世界级企业也纷纷推出自己的人工智能大脑计划，如谷歌实验室和 IBM 都致力于构建庞大的人脑神经网络模拟系统。

二、脑科学在军事领域的应用

信息技术、生物技术、材料技术等多学科技术的迅猛发展，特别是全球范围内蓬勃发展的"脑计划"的强力推动，围绕大脑开展的科学发现和科技创新成果如雨后春笋般不断涌现。当前，脑科学技术在军事领域的地位和应用价值日益凸显，"制脑权"已经成为未来军事较量的新高地。脑科学新原理的发现与前沿技术的突破，应用于军事领域可大幅提升武器装备智能化水平和指挥决策效能，对国防和军事能力建设产生颠覆性影响。目前，脑科学的军事应用前景主要体现在"类脑""脑控""控脑""强脑"等方面。

（一）"类脑"技术应用

"类脑"技术，即开发基于模仿人类大脑工作原理的类脑智能，已成为人工智能取得突破的一条重要途径，必将对军事技术与装备发展方向产生重大牵引作用。当前，人工智能发展的主流技术尚处在以数据智能为主阶段，高度依赖建模和巨大计算资源，缺乏自学习、自适应和高度并行运算能力，且逻辑与推理能力较弱，而受大脑神经运行机制和认知行为启发的"类脑"智能，可以弥补当前数据智能的局限与不足。更为关键的是，"类脑"智能将颠覆传统计算机的运行架构，实现新的计算与存储整合模式，并有望实现超低功耗。"类脑"智能通过借鉴人脑运行机理，开发出具备人类识别、推理和判断能力的信息处理系统、智能武器装备或高智能机器人。目前，这类装备已经走出实验室，在军事领域广泛应用。美、俄、日等国均装备有此类高智能机器人。

（二）"脑控"技术应用

在军事层面，"脑控"技术指的是借助脑机交互技术，改变现有的机械化和信息化武器装备的操控模式，实现大脑的直接控制。大脑在不同的思维意识状态下，会产生不同的神经电信号活动。科研人员在对这些特征脑电信号进行分析处理的基础上，可将提取的特征信号解码后，通过控制指令对外界设备进行有效控制。这种大脑与外界环境和装备之间的直接信息交流方式，被称为"脑机接口"。通过意念控制机器设备是人类一直以来的梦想，而脑机接口技术的出现则为意念控制机器设备提供了手段和可能性。人与机器的高效融合，能从系统层面提升武器的战斗效能，随着技术越发成熟，未来"脑控"智能化军事装备将会越来越多，有望大幅提升武器装备的打击效能，真正做到"感知即决策、决策即打击"，引发军事装备操控模式的深刻变革。新技术的发展与应用虽然令人振奋，但就目前而言，脑机接口技术远未成熟，高精度脑电信息的采集与解析仍有诸多瓶颈需要突破，实现意念及思维活动的精准靶向输入和人机一体，有待神经科学家与相关领域学者继续攻坚克难。

（三）"控脑"技术应用

"控脑"技术是利用各种技术手段实现对人的思维等进行干扰甚至控制，在不知不觉或出其不意中达到"制脑"的目的。它将智能武器的出奇制胜推向一个新阶段。美国国防部《2013—2017年国防科技发展计划》则提出，认知神经科学（含脑科学）的颠覆性应用前景是实施思维干扰与控制的神经生物战。尽管目前距离这一"终极目标"的实现尚早，但该领域已经取得了一些突破。如美国《华盛顿邮报·军事周刊》就曾披露，美军在伊拉克战争中使用过"控脑"武器。

（四）"强脑"技术应用

在未来高信息化和高智能化作战模式下，士兵的生理、认知和心理风险始终存在。借助科技手段，以军事脑科学为突破口，开发革新性"护脑""强脑"技术，帮助士兵保持良好的健康和认知状态，对保障军事任务的顺利完成至关重要。面对战场需求，军事脑科学有望结合新型生物传感器研发、人工智能与机器学习技术、新型可穿戴智能防护装备等，通过电磁、超声波、激光等方式实施神经刺激，激活大脑潜能，达到智力、感知力、注意力等人体机能提升的目的，在新型神经再生修复技术、革新性神经调控技术、增强认知效能等"护脑""强脑"

方面推出重要研究成果和保障措施。以美国国防部高级研究计划局为例，其启动的众多项目之一，就旨在研究"神经重播"在形成记忆与回忆过程中的作用，从而帮助人脑更好地产生学习记忆能力，更快地掌握军事训练技能。近年来，美军还投入大量资源，研究通过超声、激光、电、磁等方式对大脑的特定区域加以刺激，从而达到提升人脑机能、保持军事行动高效的目的。

第二节　类脑智能

作为人工智能领域的热点之一，类脑智能与人类智能在信息处理机制与认知行为决策等方面有着相似性，其最终目标都是通过借鉴脑神经网络结构和信息处理机制，使机器以类脑的方式运行，达到或超越人类的智能水平。当前，类脑智能研究已经成为世界上很多国家的军事战略行为。如美国、德国、日本等军事强国已经在研发类脑处理器、类脑计算芯片等方向取得重大进展，逐步形成以加速发展智能化武器装备为核心的竞争态势。目前这类装备已经从实验室走上军事应用，如作战机器人、侦察机器人、运输机器人、防恐防暴机器人、应急救援机器人等。类脑将智能作战推向了全新阶段。

一、类脑智能概述

类脑智能是一种基于神经形态工程、受大脑神经机制和认知行为机制启发、借鉴人脑信息处理方式而形成的高级机器智能。类脑智能在信息处理机制上类脑，在行为和智能水平上类人，其目标是使机器以类脑的方式实现各种人类具有的认知能力和协同机制，是人工智能的终极目标。类脑智能并非近几年才被提出。早在 1950 年，艾伦·图灵 (A. M. Turing) 就在其论文《计算机器与智能》中阐述了一种非定义式的研究方法，提到了类脑智能的相关问题。20 世纪 80 年代，多层神经网络和反向传播算法的出现，使人们重新燃起类脑智能的火花。1998 年，Yann LeCun 和 Yoshua Bengio 发表的有关手写识别神经网络和反向传播优化的论文《Gradient-based learning applied to document recognition》，标志着新一代类脑智能——卷积神经网络时代的到来。

目前，类脑智能技术主要有三大研究方向。一是类脑模型和类脑信息处理。这是类脑研究的基础。近年来，研究人员逐渐向神经网络中融入记忆、推理和注意等机制，并开展不同脑区协同认知模型研究、构建面向通用智能的类脑认知计算模型。其中，研究最热的脉冲神经网络（SNN）利用神经元以电脉冲的形式对信息（包括时间）进行编码，更接近真实神经元对信息的编码和处理方式。二是神经接口和脑机接口。通过神经解码将大脑的神经信号转化为对外部设备的控制信号，使计算机从大脑神经活动中获知人的行为意向，脑机接口可用于重建特殊感觉及瘫痪病人的运动功能。三是神经形态芯片和类脑计算机。参考人脑神经元结构和人脑感知、认知方式设计的类脑神经芯片已大量问世，随着类脑芯片的深入发展，类脑计算机雏形已经出现。

二、类脑芯片

类脑智能是人工智能研发的终极方向之一，无论是语音交互、图像识别，还是无人驾驶等，研发者无疑希望通过"复制"的方式让机器成为近似于人的存在，或者创造出能够承载人类智慧的"超人"，这就需要给机器一个类似于人类大脑的容器——类脑芯片（图 6-1）。其采用人脑神经元结构设计芯片来提升计算能力，以完全拟人化为目标，模拟人脑神经突触传递的结构。

图 6-1　类脑计算芯片"天机芯"（图片来自澎湃网）

（一）类脑芯片的优势特征

相较于传统芯片而言，类脑芯片的优点主要表现在运行效率更高、架构设计更精、学习能力更强这三个方面。

1. 运行效率更高

传统计算机基于冯·诺依曼结构，将程序和处理该程序的数据用同样的方式分别存储在两个区域，一个称为指令集，另一个称为数据集。计算机每次进行运算时需要在 CPU 和内存这两个区域间往复调用，而随着深度学习算法的出现，对芯片计算力的要求不断提高，这种计算方式的瓶颈便显现出来。当 CPU 需要依托大量数据执行一些简单指令时，数据流量将严重降低整体效率。而类脑芯片通过对大脑进行物理和生理解构，能够模拟神经元和神经突触功能，将数以亿计的光电器件按照人脑结构进行集成，并对整体任务进行优化分工，即每个神经元只负责一部分计算，这就从根本上提高了芯片的运行效率。

2. 架构设计更精

人脑最不可能被取代的便是其"随机应变"的处理能力，人脑之所以具备这样的综合处理能力，就在于它拥有庞大的神经结构及上千亿神经元，且几乎所有的生物意识行为都源于此。传统芯片的存储器是以数据存储单元为核心的，相较之下，类脑芯片的结构则是一种拟人化的设计，其元件以模拟的方式进行工作，通过交换梯度信号或权重信号来激活，这类似神经元依靠流过突触的离子种类和数量来激活，它不仅能够模拟人脑功能进行感知、思考和行动，而且允许开发者为类脑芯片设计应用程序。

3. 学习能力更强

传统芯片在处理大规模数据信息时有天然优势，但遇到"不确定性"思考时，往往会表现得"不知所措"。从学习能力的角度分析，类脑芯片在仿脑计算方面逐渐显现的优势或许可被看成该领域的一个研究标杆。仿脑算法目前的模型是 LIF（Leaky Intergrate-and-Fire）模型，通过简化神经元描述方程(Henderson-Hasselbalch方程,HH方程)得来，HH 方程是当前针对大脑行为描述最精准的方程。可以说，仿脑计算不仅要从结构上模仿大脑，而且要从神经元和突触的模型上模仿大脑，这也被视为深度学习的发展趋势。

（二）类脑芯片研制现状

在类脑芯片研制方面，2013 年德国科学家制造出纳米忆阻器元件，随后美国和澳大利亚学者通过纳米尺度的忆阻器矩阵，制造出世界上首个能模仿人脑的电子记忆细胞。同时，模仿人脑的神经形态芯片、具备人脑处理功能的仿脑处理器、认知计算机技术等纷纷问世。2014年，美国 IBM 公司通过模拟大脑神经网络基本构造，开发出模仿百万个神经元和数亿个突触的第二代"真北"类脑芯片，初步实现了以高效率执行神经网络计算的方式工作。2015 年，美国宣布成功构建出由基于模仿突触结构的"忆阻器"组装而成的神经网络芯片，从而为更大规模的类脑神经网络和类脑智能开发奠定了基础。

类脑芯片在军事领域的研制同样成果丰硕。2016 年，美国军方研发出类脑芯片 Eyeriss，这种芯片不仅有类似于人类大脑的人工智能，而且其手掌大小的处理器可安装在多种移动设备上。该芯片有令人吃惊的 168 个内核，并基于模拟人类大脑的"神经网络"来工作。这一芯片技术或将以无人机或机器人的形式用于战场。例如，装有 Eyeriss 的无人机一旦发现目标，可实时提醒地面上的士兵，在监视图像上无人机比人类更高效。2017 年，美国军方投入 6500 万美元设置"矩阵"计划，目的是开发一个"大脑芯片"——一种能够在大脑和数字世界之间提供精确通信的可植入系统，使人类方便地与计算机直接相连。据透露，该系统可以给士兵提供更多的选择，甚至可以帮助治疗失明、瘫痪和语言障碍。

三、类脑智能平台

类脑智能系统以类脑认知计算建模为手段，模拟人脑神经机制和认知行为机制，通过软硬件协同实现，是具备类脑智能信息处理机制的全神经网络智能系统。类脑智能系统底层硬件可适用于多种形态的类脑神经芯片阵列或类脑计算平台，旨在实现强大的环境感知与人机交互能力，是以自主学习和决策为核心的协同计算系统。类脑智能系统可通过类脑神经网络模型和类脑神经计算体系协同方式，构建基于自主认知的多模态类脑学习与知识推演系统。

（一）类脑智能平台的工作机制

1. 基于类脑神经网络

类脑神经网络是在生物脑神经元和脑神经网络的结构与信息处理机制启发下设计并实现的神经网络计算模型。根据神经元和神经网络的不同类型和组合，类脑神经网络可实现不同类型的认知功能。在微观尺度，神经元模型与传统人工神经网络具有完全不同的计算模型，类脑神经元通过对脑神经元的微分方程建模，模拟脑神经元的脉冲信息处理过程；在介观尺度，神经元间的连接模式更接近于人脑神经元的连接模式，而不是采用传统人工神经网络的邻层全连接模式；在宏观尺度，神经微环路形成的脑区之间通过前馈和反馈等形式连接形成交互，脑区之间的信息处理过程可能是逐层抽象的，也可能是模块化自组织的。

2. 涉及多个类脑节点的协同计算

人脑的数百项认知功能通常不能由一个脑区独立实现，而是由数个甚至数十个脑区协同实现。类脑智能系统将借鉴人脑认知功能的模块化原理和交互式理论，通过各脑区之间交互启发的神经网络计算模型实现认知功能自组织。脑区之间的信息处理包括逐层抽象、顶层对底层的反馈处理、多感知融合、竞争中的协同及竞争中的妥协等。

3. 支持类脑自主强化学习

类脑自主强化学习受脑神经系统结构通路和机制的启发，通过与环境和待解决的应用场景自主交互和在线学习，构建并实时更新知识网络。类脑自主强化学习基于脉冲神经网络实现，模拟人脑强化学习涉及的数十个脑区及其协同计算机制。此外，类脑自主强化学习与传统强化学习存在本质区别，在与环境交互过程中，其状态划分是自主过程，无须提前根据经验进行人工状态划分，充分体现了类脑自主强化学习在学习过程中的自主性和自适应性。

（二）军用类脑智能平台

作为一种新型武器平台，类脑智能平台的功能主要表现在介入战场方式多、进入战斗时间短、攻击目标方位准等方面。它主要由结构子系统、探测子系统、驱动子系统、控制子系统和毁伤子系统等五大系统构成，是一个多技术复合体。近年来，随着多项关键技术的突破，这种类脑的智能型武器装备得到了一定程度的发展。据专家预测，到2050年，具有感知、学习、判断、思维等类似人脑甚至超越人脑的高级智能平台，能够自主遂行指挥、控制、侦察、通信和攻击等任务，具备自我修复、改造功能的作战机器人将广泛装备军队。在不久的将来，机器士兵替代人类成为未来战场的"主力军"将不是天方夜谭。

军用类脑智能平台，按照其机动空间可以分为陆上智能平台、空中智能平台、太空智能平台和深海智能平台等；按照其作战任务，可以分为侦察智能平台、通信智能平台、攻击智能平台、格斗智能平台、工程智能平台、保障智能平台等；按照其结构尺寸，可以分为大型智能平台、小型智能平台和微型智能平台等。

陆上智能平台，如侦察机器人、巡逻机器人、扫雷机器人、战斗机器人、电子战机器人等正走向战场；空中智能平台，如侦察、探测、通信、攻击、交战等形形色色的无人机正迅猛发展；太空智能平台，如空间作战飞行器、空天飞机等，在未来空间战和全球作战中将称雄称霸；深海智能平台，如各种无人水下航行器在反潜战、反水雷战中将大显身手。

军用智能平台在枯燥作业、恶劣环境作业、危险作业、特殊空间作业中独具优势，应用前景广阔。未来发展主要集中在以下三个方面，即战斗智能平台、高维智能平台和微型智能平台。首先，战斗智能平台正在由侦察／保障型向战斗型发展，包括格斗平台、攻击平台等。战斗智能平台的应用，可实现"零死亡战争""机器人战争"。其次，高维智能平台的发展预示着"空间战""深海战"正在向我们走来。最后，随着纳米技术的进步和微机电系统的发展，将使微型智能平台，如微型机器人、微型飞行器、微型潜艇、微型卫星等成为智能平台中的重要一族，迎来全新的"微型战争"。

第三节　脑控武器

脑科学的研究表明，在大脑产生动作意识之后和动作执行之前，其神经系统的电活动会发生相应的改变。"脑控"武器主要是借助脑机接口等技术实现人与机器的高效融合，实现人机合一，从系统层面提升武器装备的战斗效能。21世纪以来，美军高度重视脑机接口技术的军事应用，投入了巨资研究武器与人相互作用的机理，研究用人的意念远程操控"机器战士"，在复杂战场环境中突破人类的生理极限，以降低战争伤亡率。在未来战场上，"脑控"技术的运用赋予武器装备"随心所动"的智能化特性，各种"代理战士""机器兵团"将有望成为无人作战的新样式、新角色。可以说，脑控武器将无人作战推向了新阶段。

一、脑机接口技术

脑控技术是实现"意念控制""人机合一"的新型脑科学技术，脑机接口技术（图6-2）是其重要基础，也是当前脑控技术中发展最迅速的技术之一。作为新一代人机交互和人机混合智能的关键核心技术，脑机接口技术也是美国商务部限制对外出口的技术之一。目前，脑电波采集可分为非植入式和植入式两类：非植入式主要是通过头皮脑电实现；植入式是将电极植入颅内，采集颅内脑电信号，这一步的技术难点是研制性能先进的神经接口元器件。目前美国一些研究机构已开发出"神经尘埃""神经蕾丝"等具有突破性的接口器件。

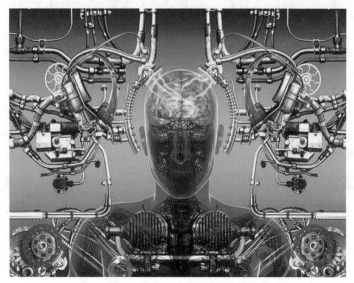

图 6-2　脑机接口技术示意图（图片来自搜狐网）

（一）技术概述

1. 概念阐释

脑机接口（brain computer interface, BCI）是一种在大脑和外部设备（计算机或外界环境等）之间传递信息的通信系统，其基本原理是采集受试者大脑皮层脑电信号，并通过特征提取和模式识别方法，最终解读受试者意图，实现人与外界信息的交流。脑机接口的研究主要是利用大脑进行特定活动时产生的有规律的脑电信号，进行正确的识别分类。不同的思维活动会产生不同的脑电特征模式，BCI 系统对脑电特征进行识别分类，并转换为相应的控制命令以此实现整个系统的控制与运行。由于大脑皮层不同区域的脑电信号可以反映受试者大脑不同的活动规律，通过采集头皮不同位置的脑电信号可实现不同的脑机接口系统。

一个完整的脑机接口系统主要由以下几部分组成：脑电信号采集部分、信号预处理部分和信号处理部分。从系统研究的角度划分，还应包括大脑和所控制的外部设备及脑机接口系统所处的工作环境。目前，脑机接口技术的研究难点和重点是脑电信号的分析和处理技术，即如何更加有效地提取脑电信号特征和如何快速且准确地进行分类。这些技术是脑机接口系统从实验室走向实用的基础。

2. 主要技术功能

目前，通过脑电信号解读人的思维活动尚不现实，但目前脑机接口系统已能通过识别和区分受试者不同的思维状态而实现相应的功能。

（1）脑电信号采集

对大脑活动的监测方法有许多种。如脑电信号技术、脑磁图技术、光学成像技术、正电子发射断层成像技术、功能磁共振成像技术、红外成像技术等。此外，肌电图、末梢神经记录等也可以反映大脑活动的状态。这些信号都可以用来提取大脑活动的信息，相比其他方式，脑电信号技术具有采集时间短、采集设备简单、价格低廉、便携、环境要求低等优点，已成为脑机接口的主要研究对象。

当前，脑机接口研究大多采用无损式的头皮电极记录脑电信号，通常试验前需要注入导电膏以保持电极与头皮间的阻抗小于 $5000\,\Omega$。

（2）脑电信号预处理

无损式的标准头皮电极采集信号时易受噪声干扰，需要经鉴别后去除。噪声的主要来源有设备、头皮电极、工作环境、人体自身眼电和肌电的干扰及人体自身无意识活动等，其中人体自身产生的干扰和工频干扰影响最大。有些干扰源对某些信号影响很大，比如由于位置接近，眼电对头皮前部采集的信号影响显著，甚至大大超过了真实信号的幅值；额肌所产生的肌电能覆盖头皮额部的 β 波或 μ 波的频带；头皮前部和中部采集到的脑电信号的 θ 波容易受到眨眼行为的干扰。尽管肌电也可以作为脑机接口的信号来源，但在脑电信号研究中常被作为干扰而去除。

（3）信号处理

信号处理主要包括特征提取和模式识别。其中，特征提取是指从脑电信号中提取出最能反映受试者不同思维状态的信号特征。常用特征提取方法有时域分析法、频域分析法及时频分析法。模式识别是采用转换算法将提取到的脑电信号特征分类识别。转换算法既有线性的方法，也有非线性的方法（如神经网络、支持向量机等）。成功的模式识别算法能够有效地识别脑电信号特征，并将这些特征转换成控制命令，正确表达受试者的意图。

虽然脑机接口领域的研究已取得了较大进展，但距离实际应用还有很长的路。大部分的脑机接口系统需要受试者大量的先期训练。如何提高脑机接口系统的实时性和正确率，是当前研究需致力解决的问题。

3. 作用和影响

脑机接口的研究之所以在全球受到广泛重视，是因为其具有巨大的理论意义和实用价值。随着脑机接口技术的突破和发展，已在医疗、工业、军事等越来越多的领域体现出重要价值。

第一，脑机接口系统在医疗检测和康复医学中有巨大的应用前景，如用于治疗癫痫和多动症，可有效避免药物损害；通过观测脑电信息进行手术麻醉深度监护，可以作为手术过程中麻醉医师掌握病人麻醉深度的重要信息来源，尽可能减少药物对病人大脑的损伤。

第二，脑机接口技术能使人类大脑与机器系统直接通过电信号进行交流，而电信号交流在速度、容量方面具有天然的优势。脑机接口系统可以构建诸如脑控多媒体、脑控机器手臂等系统，因此，在工业、航空航天等领域也有巨大的潜在应用价值。

第三，脑机接口在军事领域产生了深远影响，包括推动军事理论的发展和改变未来战争形态。随着技术的不断进步，脑控武器及脑控机器人的出现已不再是梦想。脑控战斗机、脑控装甲车、脑控大炮等武器装备将实现"随心所动"的智能化操作，做到"感知即决策、决策即打击"，极大提升装备的打击效能，引发武器装备操控模式变革，不仅能大大提高作战效率，还有助于减少作战伤亡，实现战场无人化。

（二）技术研究进展

在脑机接口技术领域，美国一直独占鳌头，引领发展。美国脑机接口技术研究及相关项目研发近况，一定程度上可代表该技术在世界范围内的最新进展。美国国防部前副部长、军控和裁军总署前主任弗莱德在其著作《国家的自我毁灭》中对未来脑机技术的发展及应用前景给予了高度重视。此后，美国在军事领域开展了脑机接口技术的研究与应用。

2016 年 5 月，约翰斯·霍普金斯大学进行了基于脑机接口的飞行仿真控制试验研究，试验所用的脑机接口系统包含了可植入设定目标运动皮层中的 2 组 96 个微电子阵列，研究结果有助于揭示脑机接口系统在飞行模拟器环境中能否灵活地控制飞机。

2017 年 7 月，美国国防部高级研究计划局投入 6500 万美元资助 5 家研究机构及 1 家商业公司，共同开展名为"神经工程系统设计"的项目研究。该项目开发的可植入神经接口可提供前所未有的高信号分辨率和数据传输带宽，将人脑和数字世界"桥接"起来。项目的目标是在不超过 1 cm^3 体积的可植入生物兼容设备上，实现上述通信链接。目前获准用于人类使用的神经接口只有 100 个通道，大量信息拥挤不堪，每个通道每一时刻都要汇集数以万计的神经元信号，其结果是充满噪声、信号不准确。与此相比，可植入神经接口项目要开发的系统，可以与给定大脑区域的任意数目神经元（1 ～ 100 万个）进行清晰、单独的通信。此项目如果开发成功，则意味着神经科学技术的巨大进步。技术研发合同承担单位包括布朗大学、哥伦比亚大学、法国视听基金会所、耶鲁大学约翰·皮尔斯实验室、加州大学伯克利分校和 Paradromics 公司。其中布朗大学的团队主要负责研究解码大脑处理语言的机制，Paradromics 公司主要负责研制"神经输入输出总线"的微型电极束，每个电极会与多个神经元连接，总共包含 20 万个微型电极的 4 个电极束，可以连接 100 万个神经元。研究人员还将研究视觉皮质神经元与高分辨率人工视网膜连接。

2019 年 7 月，美国国防部高级研究计划局进一步推进"非植入式神经技术"项目，旨在开发能够让军人使用脑电波发送和接收信息的系统，使他们可以用意念控制无人机等装备。该项目研发出的神经接口系统，能够迅速从大脑多个点读取信息并写入信息。

二、脑控武器研制与运用现状

自古以来，人类习惯于用手操作武器，但随着"人机接口"技术的进步和武器自主性的提高，尤其是"脑机接口"技术催化各种脑控武器相继问世，人与武器日趋疏离。美军认为，无人武器将沿着直接操作、人类协助、人类授权、混合倡议、完全自主、机器自适应等模式的顺序逐步升级。尽管人与武器在物理空间逐步分离，但随着脑控技术的发展，人脑直接控制武器正成为现实。比如，脑控武器能让士兵用意念远程控制机器人，这极大地推动了人与武器的融合程度。由于武器的操作流程精简为"大脑—武器",缩短了反应时间,更有利于捕捉战机,武器操控效率不降反升,人与武器的结合实际上是"貌离神合"。

随着脑科学相关技术的发展和应用,脑控技术在军事领域的巨大应用价值已经得到了世界各军事大国的高度关注,脑控作战将以其独特的方式运用于战场。

（一）实现思维操控

利用脑机技术,人类可以控制几乎所有的武器系统,将人的优势与武器平台的优势完美结合,它可使士兵通过大脑思维直接操纵复杂的武器装备作战,赋予武器装备"随心所动"的智能化特征,可迅速对战场变化作出反应,提高作战效能,实现无人化装备独立或集群的"替身"作战。当前,脑控武器在技术上日臻成熟。目前,"脑控"技术已成为一个新的科研关注点,世界各国科研团队的技术成果层出不穷,如脑控无人飞机、脑控机器人、脑控生物活动等技术先后被研究实验。美军从21世纪初就着手探索"脑机接口"技术在军事领域的具体应用,在"脑控"技术的研发应用上始终走在前列,取得了不同类型的技术突破,如由士兵大脑远程控制的自主式双足机器人、利用飞行员的意念操控F-35战机飞行模拟器,以及实现人脑控制智能无人混合机群的"忠诚僚机"项目等;美国国防部高级研究计划局还在2019年推进了"非植入式神经技术"项目,注重探索更为成熟适用的技术,实现意念对无人机等装备的控制。同时,俄罗斯、英国、日本、德国、瑞士等国也积极探索和借鉴人脑运行机理,研发具备人类识别、推理和判断能力的智能武器装备,谋求人脑与武器的无缝对接。德国开展了以实现脑控飞行为目标的"脑飞行"计划,以提高战斗机飞行员的快速反应能力;英国也已初步实现人脑通过脑机接口装置直接控制飞船模拟器的飞行。近期，我国科研团队提出"脑机一体化"概念，为突破"脑控"技术的关键瓶颈提供了新思路，在减少导联装置的同时，提升了信号传输的精确性、实时性与精准度，使"意念控制"走向广泛应用成为可能。

（二）恢复／增强认知效能

当前，创伤性脑损伤和创伤后应激障碍综合征等脑损伤仍大量存在。面对战场需求，军事脑科学有望在新型神经再生修复技术、革新性神经调控技术、认知训练增强方案等"护脑"方面提出解决方案。在此基础上，结合新型生物传感器研发、人工智能与机器学习技术、新型可穿戴智能防护装备等"强脑"技术，甚至能全面提升军人的健康防护水平、增强军事认知和生理效能，打造"超级战士"。

"护脑"方面，据报道，研究人员试图依托"大脑损伤区域植入体修补"项目，刺激"失联"的大脑区域，用新型的大脑植入物替代受损的大脑灰质皮层，帮助 36 万名在伊拉克和阿富汗战场受伤失忆的美军士兵读取他们在作战时脑部记录的各种信息。2016 年 12 月，美国军方"革命性假肢"项目开发的产品上市销售。该手臂已经改造为多款世界上最先进的假肢，如 DEKA 公司研制的 LUKE 臂（图 6-3）。LUKE 臂能监测截肢患者断肢处的肌肉电信号，经过处理器计算后转化成可被机器执行的指令。这种假肢装置可将肌肉电信号"翻译"成多达 10 种的肢体动作。

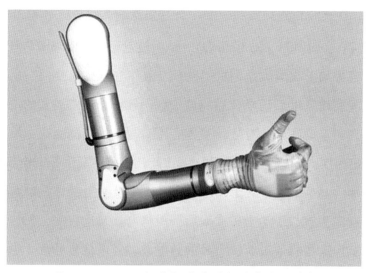

图 6-3　LUKE 仿生机械臂（图片来自网易）

"强脑"方面，脑控技术也许会改变"战争让人类走开"的窘境。通过穿戴式超脑增强设备方式，刺激、改变脑电波的活动，增强大脑神经元细胞的活动强度，并结合智能算法开发、提高人的智力；也可采取植入芯片、脑机接口等形式，将机器的存储、计算、记忆等能力与人的认知能力相互协同直至融合，实现人脑功能的辅助增强。在军事领域，美国陆军在 2007 年启动了"深绿"项目，旨在运用"平行仿真"等技术，推演预测未来战场态势发展的多种可能。2016 年底又启动了"指挥官虚拟参谋"项目，综合运用认知计算和指挥自动化等技术，高效处理海量数据及复杂的战场态势，为指挥官打造"第二大脑"。2018 年3 月，美国国防部高级研究计划局发布了"指南针"项目，运用非结构化信息提取事件等技术，支撑作战人员判断对手意图、理解战场态势。近两年，美军开展的"复杂环境下的效能优化"项目侧重利用传感器、计算和分析领域的进展，研究在复杂环境中实现人体效能优化的问题，包括恢复丧失的能力、态势感知、韧性、认知和生理效能、战斗力增强等。

（三）优化信息交互

伴随"脑联网"等技术的演进，脑机技术通过中间环节信号转化，还可实现战场上人与人之间的"脑脑交互"和"脑脑协同"。战时在士兵之间利用脑电编码来传递战场信息，进行心灵感应式的"无声交流"，有利于提高士兵对战场态势的感知与目标探测能力，增强协同作战的快速性、精确性和有效性。2008 年，美国陆军斥资 400 万美元，同来自加利福尼亚大学、卡内基·梅隆大学及马里兰大学的科学家共同研发意识头盔，帮助士兵在战场上用脑电波来进行安全便捷的通信交流。意识头盔将通过获取士兵的脑电波，经过信号处理，识别出需要传输的信息，再通过无线通信传送给并肩战斗的战友。同年，美国陆军制定了运用脑机技术开发"多人协同决策系统"十年规划，旨在利用群体智慧和经验对战场态势和威胁进行科学判断、快速决策。多人决策脑机系统可以有效地融合一组人员的大脑活动，缩短决策时间，提高决策准确率。

第四节　控脑武器

我们在使用"脑控"武器的同时，大脑皮层也暴露在无线电波之下，并面临被对手"控脑"的威胁。因此，在"控脑"上赢得主动是发展脑控武器的另一条技术路径。控脑武器是实现从精神上控制敌人，"不战而屈人之兵"的重要武器。目前，美军正在研发基于大脑控制或干扰的武器，如意识干预武器、幻视武器、幻听武器等。未来控脑武器会进一步朝着非致命性、精准化的方向发展。

一、控脑技术

控脑技术实现了人脑思维意识的可控化，它是利用各种技术手段对作战对象的神经活动、思维能力等进行干扰甚至控制，在不知不觉或出其不意中达到"制脑"的目的。相比传统的作战武器，控脑武器可以直接干扰或控制敌军的大脑，造成其心理损伤、意识混乱甚至出现幻觉，最终使敌军在无意识中做出违背己方利益的行动，如放下武器、投降或自杀。

具体地说，"控脑"采用的是"侵入式脑机接口"技术，属于思维干扰与控制的范畴，是一个极其复杂的工程。除需利用功能性磁共振成像、弥散张量成像、数字脑电图描记等技术收集目标对象的大脑信号，还要通过微波脉冲影响脑神经。对抗双方将以修改记忆、植入观念、扰乱思维、操控情绪、摧垮意志为目的，最终实现"心灵控制"。借助控脑技术，人类已经具备了为人脑编程的能力，可以向目标大脑植入对己方有利的信息，改变目标的记忆、思维乃至信仰，进而控制他们的行为。新型控脑技术的实现已经不再需要在人脑中植入芯片，电磁波、光线、次声波、气味等都可以成为"控脑"的媒介。事实上，电磁波和声波等都能对人脑细胞的正常活动产生影响，甚至能把建议和命令直接"发射"到人的大脑中，因而包括次声波、超声波、紫外线、激光等都成了控脑武器的研究方向。

二、控脑武器的研制与作战运用

2012 年，英国皇家学会提出，认知神经科学（含脑科学）具有武器化应用的潜力，可以研制直接作用于神经系统（主要是大脑）的新型武器。控脑武器可理解为建立在对人脑信息进行获取、解读、传播和控制基础上的"制脑术"，通过"攻心为上"，直接影响和控制敌人的思维。

（一）控脑武器的研制现状

作为"控脑"领域的拓荒人，近年来，美国在控脑武器的研发技术上优势明显。比如，美军方此前研制出新型非致命武器"主动回避系统"，通过发射高频电磁波令被攻击者仿佛"置身于烤箱之中"；美国防部曾研制出一款"读心头盔"，用来"阅读"对方的脑部活动；美空军研究实验室已具备了向大脑直接输入语句的能力；美军的心理幻觉武器能在战场任何地面和大气层中映射出虚假影像，干扰甚至压垮对方的抵抗意志。可以说，美国"控脑"武器的研制正向着非致命性、精准化方向发展。苏联在"控脑"武器研究方面也可谓历史悠久，20世纪50年代就着手研究远程控制人的思想。前些年，俄研制出一款名为"僵尸枪"的控脑武器，可通过扰乱目标的中枢神经系统，使之完全受控于人。此外，正如未来学家雷·库兹韦尔所言，人类思维将是生物思维与非生物思维的混合体，未来人类大脑可以直通网络。随着科技的发展，未来或可通过无线网络发射相应的信号影响目标人员的认知，从而控制其意识或改变其行为，"控脑"也将成为网络战的强有力手段。

（二）控脑武器的作战运用

战争史上并不缺少干扰敌人意志的武器。从第一次世界大战开始，英军就有专门用德语广播"洗脑"德军的团队；海湾战争期间，美军还专门组织了一批讲阿拉伯语的"劝降小队"，反复将自己的"辉煌战果"告知对手，令很多伊军官兵以为大势已去，最后选择了投降。

与昔日心理战战场上"苦口婆心"的劝说不同，控脑武器的作战效能更加简单高效。在伊拉克战争中，美军就通过发射高频电磁波扰乱伊军士兵的精神状态，多次将"上帝的声音"输送到敌人的大脑中，引导数千名伊军放弃抵抗甚至主动缴械。这股"温柔无形"中潜藏着神秘而惊人的力量，完全可能让敌人在"自杀""逃跑""投降"等信号诱导下莫名其妙地放弃抵抗，被"控脑"的敌人宛如披着人皮的机器。在未来战场上，控脑技术一方面可使士兵间或士兵与平台间的交互更加直接，另一方面使得敌方通过脑机交互系统实施反控制更容易。因此，控脑武器在作战中的用途可作如下归纳：一是直接读脑，即掌握对手的战略意图、作战企图，判断其作战目的、行动方式及下一步的行动等，为己方科学决策提供可靠依据；二是战场上双方都会尽一切可能对对方的脑机交互系统实施干扰、破坏甚至直接将错误信息注入对方系统，进而对作战人员的大脑实施思维反控制，使其按错误信息判断、决策和行动。

三、"脑防"技术与伦理规范

有矛就有盾，当前世界很多国家在竞相发展"脑防"技术。利用电磁波、生物、材料等技术，采取屏蔽、削弱、思维训练等手段，以增强人脑对控脑攻击的防御能力，防止人脑被欺骗、控制或者被降低智能。早在1995年，日本专利厅就发布了一项可用于阻止控脑的专利技术，该技术主要通过侦收、分析窃听电波引起的共振信号，从而发现和认知窃听行为，向被窃听对象发出预警，并根据需要发出杂波干扰。当前，"脑防"技术手段可分为以下三种主要类型：一是屏蔽技术。利用新材料、新机理屏蔽体有效实现对外界低频交流电磁场入侵的阻挡，防止敌方通过发射电磁波对己方人员大脑的控制。躲藏在几百米深的地下、水下，也可以有效屏蔽敌方实施的控脑攻击。二是削弱技术。利用舒曼波发生器发出舒曼波，可以有效降低控脑攻击无线电与电磁波的干扰，并有助于人放松身心，增强对控脑攻击的防御能力。三是思维训练技术。通过系统、专业的思维训练，强化形象思维能力和直觉能力，减少易遭控脑攻击的潜意识、逻辑推理等思维模式，提升大脑抗干扰、抗攻击能力。

在以人为对象的实验研究中，如果一味强调研究的科学性，有时会对人类造成伤害。脑科学和控脑武器的飞速发展给人类伦理、道德带来了风险，因此亟须规范相应的伦理规则和实验框架。在一定程度上，控脑武器对人类的伤害较常规武器更甚。将军事对抗领域延伸到人类的大脑皮层，本就是对战争伦理道德的挑衅，对人类安全构成了极大威胁。滥用控脑武器可能长期摧残被攻击者的心理，损害人的健康，甚至改变人的命运。尤其对一些违背人道主义、秘密研发控脑技术的国家、机构，应该运用伦理规范进行反制和约束。

主要参考文献

[1] 郭云飞. 认知域作战进入制脑权争夺时代 [N]. 解放军报,2020-6-2(16).

[2] 李义. 认知对抗:未来战争新领域 [N]. 解放军报,2020-1-28(3).

[3] 刘奎,顾静超. 夺取"制智权"的支点在哪里 [N]. 解放军报,2020-2-20(7).

[4] 黄红林,宋元刚. 脑科学"从军"会带来什么 [N]. 解放军报,2019-4-26(11).

[5] 李健."意念控制"距离战场很近 [N].中国国防报,2020-1-21(4).

[6] 金超,方潇澎."意念控制"走向应用？ [N].解放军报,2019-12-20 (11).

[7] 王世忠,郝政疆.脑对抗：人与武器实现高度融合 [N].解放军报,2019-1-25(11).

[8] 王小理,韩雪,薛淮.美国如何发展脑科技 [N].学习时报,2019-11-13(7).

第七章　新概念武器装备

科学技术的迅猛发展及其在军事领域的广泛应用，正在引发新的军事革命。近年来，以美国为首的西方国家不断加强军事技术创新发展，试图与其他国家拉开差距，形成非对称优势。加速新概念武器的研发，正是世界各国确立军事高技术优势的重要手段之一。

新概念武器是指在工作原理、杀伤机理和作战方式上有别于传统武器，能够大幅度提高作战效能的新型武器，投入使用后往往能显著提高作战效能与效费比，取得出奇制胜的作战效果。当然，新概念武器是一个动态发展的概念，随着科学技术的进步，当某种技术成熟并广泛运用之后，自然也就成为下一个时代的传统武器。本章结合当前高技术武器装备的发展趋势，选取动能武器、非致命武器、地球物理环境武器、纳米武器和基因武器等五种类型的武器进行介绍。

第一节　动能武器

动能武器是指能发射超高速飞行的、具有较高动能的弹头，利用弹头的动能以直接碰撞的方式摧毁目标，而非传统的爆炸毁伤方式。可用于战略战术反导、反卫星、反航天器、反地面装甲目标等。动能武器有两大特点：一是速度快，通过强大的动能摧毁目标；二是精度高，以精确打击能力实现与目标直接碰撞。本节重点介绍电磁炮、电热炮、天基动能武器和动能拦截武器四部分。

一、电磁炮

电磁炮是利用电磁发射技术制成的动能杀伤武器。与传统火炮利用火药燃气等化学能作用于弹丸不同，电磁炮是利用电流和磁场相互作用产生的安培力来对金属炮弹进行加速，使其达到毁伤目标所需的动能。

（一）性能优势明显

一是能量利用率高，因为无须燃气高压气体助推，减少了热能消耗，电磁能量可以最大限度地转化为弹丸的动能，这样可以突破传统火炮的初速限制，射程当然也能极大地提高。

二是射击隐蔽性强。电磁助推最大的优势就是射击时无声响、无烟雾、炮口无火焰，能够尽可能地降低发射装置暴露的风险。

三是射击效果较好。发射全过程由计算机控制，可根据目标的性质和距离，合理选择和调节电能供应，发射系统稳定性好，更易实现高精度打击。所以业界普遍认为，电磁炮将会引发新的火炮技术革命。

（二）类型迭代发展

电磁炮按照作用原理可分为线圈炮、轨道炮和重接炮。

1.线圈炮

线圈炮是发展最早的电磁炮样式，由加速线圈和弹丸线圈组成（图7-1）。加速线圈相当于炮管，通电后会形成运动磁场，利用磁场和感应电流相互作用的电磁力，驱动带有线圈的弹丸或磁性发射装置，使其高速射出。

图 7-1 线圈炮原理图

2. 轨道炮

轨道炮的结构相对简单，由轨道、发射组件、供电系统和控制系统组成。两条轨道平行放置贯穿火炮身管，由弹丸、轻型弹托及推进板组成的发射组件与导电电枢共同置于轨道之间，弹托固定弹丸，电容器组或旋转机械装置提供发射所需的电能。强大的电流从一条轨道流入，经导体电枢流向另一条轨道，从而在两条轨道周围分别产生一个垂直于轨道的强磁场及一个与电流反方向的作用力。磁场与流经电枢的电流相互作用，产生沿炮管轴向的洛仑兹力，把发射组件和电枢沿轨道加速到超高速。当发射组件离开炮口时，弹托、电枢及推进板与弹丸脱离，弹丸便射向目标。由于其结构相对简单，易于实现，所以轨道炮成为目前电磁炮发展的重点。（图 7-2 至图 7-4）

图 7-2 电磁轨道炮原理图（图片来自搜狐网）

图 7-3 美国"米利诺基特"号联合高速船上的电磁轨道炮原型
（图片来自搜狐网）

图 7-4 BAE 系统公司的电磁轨道炮炮弹（图片来自网易）

3. 重接炮

重接炮是电磁炮的最新发展形式。目前只有美国对单级重接炮进行
了一些理论研究。单级重接炮由上下两个长方形同轴线圈组成，其间
有一间隙。发射体为一长方体，可穿过两线圈的间隙作加速运动。重
接炮综合了线圈炮能发射大质量弹丸和轨道炮能发射超高速弹丸的优

点，同时还可以赋予弹丸均匀的加速度。因此，重接炮被认为是未来天基超高速电磁炮的雏形。

（三）试验情况

自20世纪80年代以来，世界各国军方都相继建立了实验室研究电磁轨道炮技术，其中美国海军一直处于领先地位。

2008年1月，美海军采用通用原子公司研制的32 MJ（兆焦，能量单位）的电容器电源和BAE系统公司研制的电磁轨道炮，在弗吉尼亚州达尔格伦海军水面作战武器中心进行发射试验。该次试验的射弹质量约3.41 kg，射弹炮口速度达到7马赫，炮口动能为10.8 MJ，能量转换效率达到了33%。

2010年，美国海军水面作战中心在美国达尔格伦海军水面作战武器中心的电磁轨道炮发射试验中，炮口动能达到了33 MJ，射弹速度7马赫，射程约370 km，是海军常规武器射程的10倍。

2017年3月，美海军水面作战中心达尔格伦分部的电磁轨道炮试验样机，在20 MJ炮口动能的条件下，实现了4.8发/分钟的射速。同年7月，该样机在20 MJ炮口动能的条件下，实现了10发/分钟的射速。在这两次试验中，该电磁轨道炮样机还利用了GPS技术引导攻击，发射速度可达7马赫，能够击穿161 km外的混凝土墙。标志着美国海军的电磁武器已实现充能—发射—装弹—充能—再发射循环的自动装填功能，电磁轨道炮武器系统已基本具备了自动武器的全部功能。

二、电热炮

电热炮是指全部或部分地利用电能加热工质（实现热能和机械能转换的媒介物质）来推进弹丸的发射装置。电热发射有两层含义：一是使用特定的高功率脉冲电源向某些工质放电，将工质加热而转变成等离子体状态，利用含有热能和动能的等离子体直接推进弹丸运动；二是利用加热产生的等离子体再去加热其他低分子量的轻工质，使其发生化学反应变成热气体（含少量等离子体），借助热气体的热膨胀做功来推进弹丸。

（一）基本分类

按工作方式不同，电热炮可以分为两大类：一类是利用等离子体直接推进弹丸，称为直热（或单热）式电热炮；另一类是利用电能产生的等离子体再加热大量其他类型的轻工质成气体而推进弹丸，称为间热（或复热）式电热炮。从能源和工作机理方面考虑，直热式电热炮是全部利用电能来推进弹丸的，可称为"纯"电热炮；而绝大多数间热式电热炮，发射弹丸既使用电能又使用化学能，因此可称为电热化学炮。目前，世界各国的主要研究方向都是电热化学炮。

（二）实际应用

美国此前在 M-8 型轻型坦克上试验了 105 毫米电热化学炮（图 7-5）。这门 105 毫米电热化学炮的炮口初速已经超过了 2000 m/s，相比于此前使用的穿甲弹有了较大的提高，而且电热化学炮的供电、供弹设施可以轻松整合在轻型坦克内部。虽然实验时轻型坦克本身的发电机组无法提供足够的电能，但是只要基于电热化学炮武器系统重新设计轻型坦克，部分强化辅助发电设备并重新设计弹药布局，就可以在现有轻型坦克的物理尺寸下实现电热化学炮的实用化。

图7-5 配备电热化学炮的M-8型轻型坦克（图片来自新浪网）

（三）当前短板

现阶段电热化学炮的主要短板是成本高昂。无论是电热化学炮需要的等离子发生器，还是为其供能的超大容量电容组，包括为电容组充能的变压转换结构，成本都远远超出现代轻型坦克使用的普通火炮。与此同时，现代某些常规弹药也可以实现炮口初速2000 m/s。因此，为电热化学炮量身定做一个全新的坦克底盘并不一定是最佳选择。

或许在不久的将来，随着电力工业的持续发展，成本下降，在坦克和战舰上使用的常规化学能火炮会被电热化学炮取代。毕竟强大的动能带来的出色穿甲能力很可能会再次颠覆地面战争的格局，因为大部分坦克的装甲无法应对初速高达2000 m/s的电热化学炮穿甲弹。

三、天基动能武器

天基动能武器是人造攻击型卫星武器，其原理是将重力势能转化为动能，是目前最易实现的天基武器之一。其工作原理是将卫星移动到攻击目标的上方并瞄准，然后投放动能柱，让动能柱从太空坠入地球，准确地攻击目标，也有以电磁炮的形式给动能柱赋予初速度的。动能柱一般是箭支柱状或梭形的流线体，亦可称为动能弹头。动能弹头的外表由熔点极高的钨或铼等金属构成，内部使用超重型材料填充以增加弹头的重力势能。重量达到 20 吨、体积不超过 5 立方米的动能弹头落入地表时，可轻而易举地击碎地面岩层。

2012 年，据美国《防务新闻》周刊网站报道，美军已开始研制一种名为"上帝之杖"的太空武器。该项目计划依托太空平台搭载大量直径 30 厘米、长 6.1 米、重 100 千克的钨、钛或铀制成的金属棒，这些高密度的金属大棒在卫星制导下，利用小型火箭助推和自由落体产生的巨大动能，可在任何时间对地球上任何地区的高价值战略目标实施快速、精确打击。"上帝之杖"从太空发射后，不依靠任何弹药，完全依赖动能撞击来对目标产生破坏力，但攻击效果却堪比核武器，能毫不费力地摧毁大型建筑群和几百米深的地下掩体，而且不会产生辐射。美军希望把"上帝之杖"打造成为未来空间对敌作战的"撒手锏"，进而取代令人闻之色变的核武器，成为军事领域新的战略级威慑力量。

（一）设计原理

早在 20 世纪 80 年代，美军就有了研制"上帝之杖"的初步构想。据称，美军的这一灵感主要来源于传说中的两起意外事故：一起是说曾有一名妇女被飞机卫生间掉下的冻结的尿柱砸死；另一起是说曾有人在帝国大厦中无意抛下一枚硬币，该硬币却像子弹一样击穿了行人的脑袋。

"上帝之杖"系统的设计原理很简单，主要由位于低轨道的两颗卫星平台组成，一颗负责通信和锁定目标，另一颗则搭载有大量被称为"上帝之杖"的金属长杆形动能"炮弹"。弹体主要由动能弹头、推进系统、制导系统、热控系统与通信系统五部分组成。弹头主要由高密度的钨、钛或铀等金属铸造，前方略尖，可减小空气阻力，降低到达地面时的动能损耗；推进系统主要是小型火箭助推器，可在外太空为"炮弹"提供较为精确、容易控制的推力；制导系统主要是不断调整火箭助推器和空气动力学舵面，改变飞行方向，确保精确命中目标；热控系统主要是依靠外部特制的热防护涂层来防止弹体过热。

"上帝之杖"打击目标时一般采取垂直攻击的方式，就像陨石撞击地球一样，因为动能巨大，所以撞击地面时产生的破坏力也相当大，威力相当于一枚小型核弹，能轻而易举地刺入地下几百米深的目标内部，令任何钻地炸弹都黯然失色。据五角大楼宣称，美军计划在2025年之前完成"上帝之杖"的部署。

（二）预想效果

据美军设想，"上帝之杖"能以11千米/秒的初始速度进入大气层，即使在大气层飞行时速度会有所下降，但仍保持每小时1.12万千米的攻击速度。千克级质量的"上帝之杖"与吨级TNT当量产生的破坏能量基本相当。长度约为1米、质量约120千克的钨制弹头对钢制材料进行打击时，可造成深1.5米、直径1米的弹坑，打击敌地面重要目标和几百米深的地下掩体易如反掌。

与其他常规武器相比，"上帝之杖"还具有以下优点：一是打击范围广。其打击范围可覆盖全球任何一个地区，打击对象包括指挥中心、导弹发射塔、地下掩体等所有非移动类目标。二是反应时间短。由于其搭载平台通常部署在低轨道，所以对地攻击准备时间短、反应速度快，从离轨到对地面实施打击仅需11分钟，打击时间不及洲际弹道导弹的三分之一。三是突防能力强。由于速度极高，可有效突破敌多层防御体系，即使敌具备多层防御能力，也很难在短时间内进行预警。四是生存能力强。搭载"上帝之杖"的卫星平台通常在距离地面1000千米的轨道上，远在一般飞机和导弹的攻击范围之外。五是环境污染小。"上帝之杖"主要是通过碰撞攻击目标，不依靠弹药，更没有核辐射，不会对环境造成污染。六是占据道义主动。相比核武器，该武器系统在道义上占有更多的主动权。

（三）技术难题

"上帝之杖"从研制至今，某些问题可能得到了一定程度的解决，但仍有不少瓶颈问题无法取得突破性进展。一是如何发射到位的问题。发射携带大量高质量"上帝之杖"的卫星平台，必然需要足够的动力。二是高温损耗问题。进入大气层之后，必然因空气摩擦而出现弹体过热问题，弹体过热将直接导致内部精密电子元件受损、弹体磨损或解体。三是精确制导问题。由于其采用末制导，通常在进入大气层前通过控制姿态角来实现对目标的精确打击，然而在进入大气层后弹体必然受到空气流动、密度差异等很多不确定因素的影响，加之速度过快，没有尾翼修正，难以实现对目标的精确打击。此外，"上帝之杖"的打击效果也未知。由于从来没有进行过模拟实验，美军所描述的攻击效果仅仅是理论上的设想。有专家预测，由于其速度过快，在对大型建筑群等目标的打击上很可能起不到致命的效果，顶多就像高速飞行的子弹撞击玻璃一样，在目标上留下一个直径为30厘米的"小洞"，如果真是这样，那可就贻笑大方了。然而，对"上帝之杖"计划来说，最大的难题恐怕还是高研制成本。据称，建造"上帝之杖"所需的卫星平台及将其送入轨道的费用至少为10亿美元。如果使用航天运输系统将高质量的金属棒送入轨道，其成本更是天文数字。

2017年，美国对"上帝之杖"计划进行了考察评估，评估结果至今保密。2019年8月，美军成立独立的太空司令部，这是美军第11个联合作战司令部。2020年1月4日，美国首任太空军司令宣誓就职，太空军是美军第6个独立军种。美国前总统特朗普说："美国在太空中仅有'存在感'是不够的，还要具有'统治力'。"不难看出，美国的太空军事力量进攻色彩非常浓厚。不久前媒体披露的美军可用于太空战的武器中，"上帝之杖"天基动能武器系统赫然在列（图7-6）。"上帝之杖"最终是迈入实战、大展雄风，还是像"巴黎大炮"那样被残酷的战争法则淘汰，抑或只停留在想象的虚拟世界中，我们拭目以待。

图7-6　"上帝之杖"攻击示意图（图片来自新浪网）

四、动能拦截武器

动能拦截武器是指运用火箭发动机推动动能弹头高速飞行直接撞

击目标的武器，主要由助推火箭和动能杀伤飞行器组成。动能杀伤飞行器是动能拦截武器的主要组成部分，是一种具有高精度、高机动能力和光电信息高度密集的信息化弹头。它采用自动寻找式制导，通过高精度探测及精确制导与控制，利用弹头的巨大动能与目标直接碰撞来杀伤目标。动能拦截技术主要用于拦截弹道导弹和打击卫星。按摧毁目标高度的不同，可分为大气层外动能拦截器、大气层内动能拦截器和大气层内外兼顾型动能拦截器。

目前，美国现役的导弹防御系统主要有 PAC-3 导弹防御系统（图 7-7）、THAAD 导弹防御系统（图 7-8）、海基标准-3 拦截弹（图 7-9）和 NFIRE 天基拦截器等。俄罗斯新发展的 S-500 反导系统中的 77N6N1 导弹也可以选择动能碰撞杀伤拦截器。

图 7-7 美国 PAC-3 导弹防御系统（图片来自新浪网）

图7-8 美国THAAD导弹防御系统（图片来自腾讯新闻）

图7-9 美国海基标准-3拦截弹从军舰上发射（图片来自新浪网）

第二节 非致命武器

非致命武器是新概念武器的一个分支，是指为达到使人员或装备失去功能而专门设计的武器系统。按作用对象不同，非致命武器可分为反人员和反装备两大类。与传统武器相比，非致命武器并不会对人员、装备产生致命性打击，而是通过特定的技术手段进行"软杀伤"，从而致使敌方人员和装备的作战能力丧失或降低。

一、非致命武器的特点

一是非致命武器不同于传统的杀伤性武器。传统的杀伤性武器研制的目的是考虑如何最大限度地杀伤敌人，而非致命武器研制的目的是考虑如何在尽可能降低敌方伤亡的条件下赢得战争的胜利。

二是现有装备的非致命武器往往不能单独使用，大多数情况下是与传统武器混合使用。

三是非致命武器主要针对敌方军事设施和武器装备，以此来实现其军事目的，部分武器也会对人体造成暂时性的伤害。

四是非致命武器的使用有利于战后的恢复与重建，通常情况下其造成的损失远小于传统武器。

二、非致命武器分类

根据作战对象的不同，非致命武器可分为两大类：一类是针对人员的非致命武器；另一类是针对武器装备的非致命武器，即反人员非致命武器和反装备非致命武器。反人员非致命武器主要用于控制人群，使人员失能；反装备非致命武器主要用于破坏和瘫痪各种武器装备设施。

（一）反人员非致命武器

反人员非致命武器可使敌方失能，造成战斗减员和沉重的伤员负担。目前各国正在研究的反人员非致命武器主要有化学失能剂、刺激剂、黏性泡沫、非致命性激光武器和声波武器等。

化学失能剂分为精神失能剂和躯体失能剂。它能造成人员的精神障碍和躯体功能失调，进而丧失作战能力。精神失能剂令人精神紊乱，出现幻觉；躯体失能剂引起运动功能障碍、瘫痪、麻痹等。

刺激剂是以刺激眼、鼻、喉和皮肤为特征的非致命暂时性失能性药剂。人员暴露在含有毒剂的空气中短时间就会出现中毒症状，脱离接触几分钟或几小时后症状会自动消失，不需要特殊治疗，不留后遗症。但若长时间大量吸入，可造成肺部损伤，严重的可导致死亡。

黏性泡沫属于一种化学试剂，喷射在人员身上会立刻凝固，束缚人员的行动。美军在索马里行动中使用了一种"太妃糖枪"，可以将人员包裹起来并使其失去抵抗能力。

非致命性激光武器主要是指非致命激光致盲、致眩武器。它是以激光器为中心，由侦察、告警定位和精密瞄准跟踪等装置组成的光电对抗武器系统。该类武器可利用激光束干扰来损伤潜望镜、瞄准镜、微光夜视仪、红外热像仪等设备，也可直接破坏电视、红外、激光制导武器的光电导引装置，还可能使人暂时或永久性失明。

声波武器即声波发生装置。该装置可定向发射超声波、次声波、噪声等，能够使人丧失意识、失去能力。近距离使用甚至能破坏内脏器官，可用于驱散目标人群、使敌方陷入混乱等。

（二）反装备非致命武器

用于反装备的非致命武器主要有超级润滑剂、材料脆化剂、超级腐蚀剂及动力系统熄火弹等。

超级润滑剂通常用含油聚合物微球、无机润滑剂等原料复合配置而成，是具有极小摩擦系数的化学物质。主要用于攻击机场跑道、航母甲板、铁轨、高速公路、桥梁等目标，可有效阻止飞机起降及火车和汽车行进。

材料脆化剂是一种能够引起金属材料、高分子材料、光学视窗材料等迅速解体的特殊化学物质。这类物质可严重损伤敌方装备的结构并令其失能瘫痪。

超级腐蚀剂是对一些特定材料具有超强腐蚀作用的化学物质。一辆配备复合装甲的坦克可轻松抵御普通炮弹的攻击，但面对这类超级腐蚀剂时，高科技的复合装甲却毫无抵抗能力。

动力系统熄火弹是利用阻燃剂来污染或改变发动机燃料性能，使发动机不能正常工作的武器。它被视为遏制敌方坦克装甲车集群的重要手段。目前，常见的动力系统熄火弹有两种：一种是添加了特殊性能化学添加剂，投放到敌方阵地后，大量化学试剂弥漫在空气中，敌方坦克发动机一旦吸入化学试剂将阻滞燃料供应系统的正常运行从而导致发动机故障；另一种是在炮弹中灌入化学气体，引爆后会产生大量窒息性气体，使敌方坦克、装甲车、自行火炮等装备的发动机处于缺氧环境而自动熄火。

三、非致命武器的应用

（一）“雅典娜”激光武器

“雅典娜”激光武器是一种光谱光束组合光纤激光器，由多个低功率激光器连接在一起，以产生高功率光束。据美国陆军网站 2019 年 11 月 11 日报道，美国洛克希德·马丁公司在俄克拉何马州西尔堡的政府测试场地为美国空军演示了“雅典娜”激光武器系统，该系统成功击落了多架固定翼和旋翼无人机。

“雅典娜”激光武器系统是一种可移动的地面武器系统（图 7-10），

旨在抵御近距、低空目标的威胁，如火箭弹、无人机系统、装甲车辆和小型舰艇。它使用了洛克希德·马丁公司的 30 千瓦光纤激光器，多个模块化的光纤激光器形成一个单一、强大、高质量的光束，能够提供较高的能量使用效率和综合杀伤能力，是一种经济、高效、互补的反装备非致命武器。

图 7-10　"雅典娜"激光武器（图片来自网易）

（二）"无声卫士"微波武器

"无声卫士"微波武器，可架设于悍马军车上，主体包括一块大面积反射平板和微波发射装置。这种武器能发射高能微波，人被"射中"后肌肉迅速抖动，进而引发剧烈的灼痛感。为躲避高能微波的袭击，只有快速远离，因此达到驱散人群的目的。

"无声卫士"既安全又有效，射程 750 米，发射的微波可穿透皮肤 0.4 毫米，瞬间温度为 54℃左右。这种温度足以使人产生痛感，却又不会造成烧伤等严重伤害，是一种使用较为广泛的反人员非致命武器（图 7-11）。

图 7-11   "无声卫士"微波武器（图片来自央视网）

（三）谢里夫工程

"谢里夫工程"是对美军"斯特瑞克"战车进行改装，综合多种非致命武器系统完成监视、威慑和控制任务的非致命武器系统（图 7-12）。该车可配备机枪、便携式主动压制系统、强光源、高功率微波、多波段干扰仪、激光眩目器和声波武器。当遇到威胁时，其可以使用激光眩目器致眩目标，用微波烧灼敌方电子设备，也可用机枪进行自卫还击，是一款功能强大、"软硬结合"的利器。

图 7-12   配备多种非致命武器系统的谢里夫工程战车
（图片来自搜狐网）

第三节　地球物理环境武器

地球物理环境武器，顾名思义，就是运用现代科技手段，利用自然灾害或改变地球物理环境等方式来打击和消灭敌人以实现军事目的的武器。与常规武器作用原理截然不同，它是通过人为干扰或改变存在于我们周围的各种地球物理场如电磁场、地震波场、重力场等来制造地震、海啸、暴雪、洪水和干旱等。近年来，由于世界禁止大规模杀伤性武器的研发，许多国家开始关注新概念武器，地球物理环境武器因其突出的作战效能也逐渐为人所知。本节结合当前地球物理环境武器的发展现状，主要介绍海洋环境武器、地震武器和气象武器。

一、地球物理环境武器的特点

一是威力巨大。地球物理环境武器引起的地震、飓风、海啸等自然灾害给人类带来的危害足以达到甚至超过任何一次大型核爆炸产生的破坏效果。

二是效率极高。地球物理环境武器并不直接产生杀伤力，而是通过诱发巨大的自然力，达到更高能量级的毁伤效果，因此具有极高的作战效率。

三是隐蔽性强。地球物理环境武器的破坏力通过诱发自然灾害来实现，灾难的事发地点可能远离攻击点且发生时间相对滞后，因此极具隐蔽性和欺骗性，容易与自然灾害混淆。

二、海洋环境武器

海洋环境武器是指利用海洋环境中的飓风、巨浪等自然现象，同时运用物理或化学方法，诱发其释放巨大能量，用以攻击舰船、港口、近岸军事设施等目标，达成相应的作战目的。当前，随着科学技术的日新月异，海洋环境武器的研制工作取得了惊人的进展，尽管目前海洋环境武器尚处于襁褓之中，但其发展前景足以震惊世人。

（一）飓风武器

古往今来，风始终是影响海上军事行动成败的一个重要因素，在某些情况下，甚至直接决定舰队的命运和海战的最终结局。20 世纪 60 年代，美国在大西洋上成功进行了三次人工引导飓风实验，效果惊人。可以预料，随着人工引导技术和人工制造飓风技术的发展完善，人造飓风必将成为一种威力强大的新式武器。

（二）巨浪武器

对舰船、军港等目标来说，海浪是一种不可小视的自然力量。巨浪武器通过利用风能或海洋内部聚合能，在大洋表层与深层产生海浪和潜潮，从而影响水面舰船、水下潜艇和其他军事设施的稳定性，减弱其作战能力。巨浪武器也可以用于封锁敌方海岸港口，扼制其舰船出海作战。

（三）海幕武器

海幕武器是一种消极被动性武器，主要是运用人工方法制造出能保护舰船、港口等军事设备的防护幕，使敌舰船、飞机及雷达无法发现目标。20 世纪 80 年代，苏军的潜艇进入瑞典领海，瑞典军队发现其踪迹后，立即派出海军实施围堵，然而苏联潜艇使用水下特殊烟雾，在瑞典人的眼皮底下溜之大吉。目前，海幕武器仍在进行深入研究，性能也在不断改善。

（四）吸氧武器

氧气是人类赖以生存的重要条件，一旦氧气从人类所处的局部空间消失，后果不言而喻。吸氧武器便是基于这一点设计的。通过消耗局部空间氧气，进而致人死亡和依赖氧气助燃的机器停止转动。这种武器结构简单，在普通弹药中掺入能够大量消耗氧气的化学药物即可。目前，这种武器已经走出实验室，正在快速进入战场。

三、地震武器

地震武器是指通过采取特殊手段，人为地在一定区域内引发地震，从而实现军事目的的武器系统。地震武器的最初设想产生于 20 世纪 60 年代的苏联。当时为了改进自己的核武器，苏联进行了多次核爆试验。地理学家注意到，在地下核爆炸数天之后，时常会在几百千米外发生地震。这一偶然的发现立即引起了军方的注意。随后，在军方的推动下，又先后在苏联各地进行了 32 次核试验。试验结果表明，核爆炸的确可以引发地震。

（一）地震武器的特点

一是隐蔽性好。地震武器一般并不直接产生杀伤力，其破坏作用是通过诱发自然灾害间接实现的，并且诱发性爆炸大多发生在距攻击点几百甚至上千千米远的地下或水下，因此较难被及时发现。二是威力巨大。由地震武器诱发的地震、海啸等自然灾害，往往伴随核爆炸产生的定向声波和冲击波，其破坏范围和破坏力全面超过一般的核武器。

鉴于地震给人类生命财产带来的巨大损失，地震武器的应用将会带来难以估量的损失。所以，地震武器也被认为是人类社会的又一"煞星"。

（二）地震武器的技术难点

就技术条件来看，地震武器尚存在一些技术性难题亟待解决：一是地震武器的应用会给敌方的国民经济与人民的生命财产带来巨大的毁伤，这有悖于伦理道德，同时引发地震的规模往往难以控制；二是由于核武器很难深入敌国领土纵深布设，而在本国领土上进行核爆炸将带来很大的副作用，会给本国自然生态环境造成恶劣影响，甚至由地震引起的海啸、火山喷发等恶劣气候有可能波及使用武器的一方；三是地震武器引发地震的时间难以准确控制。从核爆炸到诱发地震往往需要一段时间，因此地震武器便失去了打击的突然性。

四、气象武器

气象武器是指通过人为改变战场气象条件，从而达成有利于己方不利于敌方的作战环境。

（一）温压炸弹

温压炸弹是美国于 2002 年 10 月突击研制的，并成功应用于阿富汗战场。温压炸弹能够在爆炸时产生持续的高温高压，并大量消耗目标周围空气中的氧气，在打击洞穴和坑道内的有生力量时效果显著。

（二）制寒武器

美军曾在距地面 17 千米的高空试验引爆一颗甲烷或二氧化碳炮弹等制寒武器，炮弹爆炸后的碎片遮蔽太阳，使环境骤然变冷，在热带丛林中使用这类武器，可将敌人冻伤甚至直接冻死。

（三）高温武器

高温武器的钢制弹壳内装有易燃易爆的化学燃料，采用高分子聚合物粒状粉末，爆炸发生时会产生高温、超压等综合性杀伤和破坏效应。这种弹药可用固定翼飞机、直升机、火箭炮和弹道导弹等投放。

（四）热压气雾武器

热压气雾武器运用的是先进的油气炸药原理。在撞击后，弹体燃料会立刻燃烧，产生大量的浓雾爆炸云团，热雾和气压弥漫在建筑物内使敌人因巨大的气压和气雾而窒息。

（五）云雾炮弹

云雾炮弹又叫作燃料空气炸药炮弹，通常采用环氧乙烷、氧化丙烯等液体炸药，通过火箭炮或迫击炮发射到目标上空。炮弹在目标上空预定的高度进行第一次起爆，将液体炸药混合，形成直径约 15 米、高度约 2.5 米的云雾，覆盖周围的地面，经过 0.1 秒的时间，进行第二次引爆，使云雾发生大爆炸。

（六）人工消云、消雾武器

人工消云、消雾是指通过播撒催化剂的方法，消除作战空域中的浓雾，以提高和改善能见度，保证己方目视观察、飞机起飞、着陆和舰艇航行等作战行动的安全实施。

（七）人工控制雷电

人工控制雷电是指通过人工引雷、消雷的方法，使云中电荷中和、转移或提前释放从而控制雷电的产生，以确保空中和地面军事行动的安全。

（八）化学雨

化学雨武器是指运用碘化银、干冰、食盐等能使云层形成水滴，造成降雨的化学武器，可以造成人员伤亡或武器装备加速老化。该武器分为两类：一类是永久性的；另一类是暂时性的。永久性的化学雨武器主要用隐形飞机或其他无人飞行器运载，悄悄飞行至敌方上空播撒，加速武器腐蚀，进而丧失作战能力；暂时性的化学雨武器主要由高腐蚀性、高毒性、高酸性化学物质组成，能使敌部队瞬间丧失抗击能力。

第四节　纳米武器

纳米武器是指运用纳米技术制造的超微型化武器装备。纳米技术，就是以 0.1 ～ 10 纳米尺度的原子分子为研究对象，通过操纵原子、原子团或分子、分子团，使其重新排列组合，形成新的物质，制造出具有新功能的材料或器件的技术。它在信息、生物工程、医学、光学、材料科学等领域均有广阔的应用前景。这种通过改变原子、分子排列结构获得新功能材料，制造超微型器件的技术，不仅将给社会生产的众多领域带来重大变化，而且将对军事领域产生重大影响，甚至会引起新的军事革命。为开发这一极具潜力的新技术，很多国家投入大量的人力、物力、财力，积极展开科学研究和各领域的应用推广。

一、纳米武器的特点

纳米武器实现了武器系统的超微型化，具有隐蔽性好、安全性高的特点，便于单兵携带和使用。纳米武器的出现，改变了人们对武器数量级的看法，产生了全新的战争理念，使武器装备的研制与生产更加脱离数量规模的限制，进一步向精细智能的方向发展。

纳米武器使用起来非常方便，一架无人机就可以空投大量的微机电系统探测器至敌方部署地域，便于掌握敌方动态情报；也可以部署微型机器士兵完成各种作战任务。

此外，纳米技术还可用于研制超级隐形涂料、智能灵巧军服或新型弹药等。在未来战场上，传统武器系统和纳米武器系统将同时存在、协同作战，作战手段将更加机动灵活，战斗格局更加变化多端。人们将看到的是"以小制大""以微胜巨"的战争景观。因此，纳米武器的出现和使用，将大大改变人类对战争力量对比的看法。

二、纳米武器的分类

目前，从世界各国纳米武器的发展研制情况看，主要有以下几种。

（一）纳米卫星

纳米卫星概念由美国在 1995 年提出，这种卫星（图 7-13）比麻雀略大，各种部件全部使用纳米材料制造，肉眼几乎看不到硬件单元之间的连接，其部件和仪器都安装在集成电路芯片上。纳米卫星体积小、质量轻、生存能力强，可大量部署，即使遭受攻击也不会丧失全部功能。其研制费用较低，用一枚运载火箭便可将成百上千颗纳米卫星投入近地轨道中，构成覆盖全球的星座式布局。

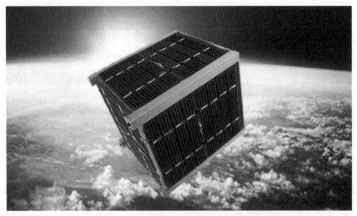

图 7-13　纳米卫星（图片来自搜狐网）

（二）纳米机器人

纳米机器人只有几毫米大小，呈昆虫、树叶、沙粒等各种形状，成百上千的微型机器人可以从伪装成砖头或石块的母机中爬出，散布在草丛中，使用自带的微型光学探测器找到建筑物的缝隙并钻进内部（图7-14、图7-15）。纳米机器人还可通过各种途径钻进敌方武器装备中长期潜伏，一旦被激活，这些"纳米士兵"就能立即破坏敌方电子设备，使其短路、烧毁，或充当爆破手，用特种炸药引爆目标，或施放各种化学制剂，使敌方金属变脆、油料凝结、人员神经麻痹，失去战斗力。

图7-14 纳米机器人（图片来自搜狐网）

图7-15 蚂蚁士兵概念图（图片来自搜狐网）

（三）纳米飞行器

纳米飞行器是指苍蝇般大小的袖珍飞行器，可携带各种探测传感设备，具有信息处理、导航和通信能力（图7-16）。其主要功能是秘密部署到敌方重要目标和武器系统的内部或附近担负侦察监视任务。如德国研制的一种微型直升机，重量仅400毫克，其发动机直径仅1～2毫米，转速达4万次/分钟，据称可以平稳地起降于一颗花生上。

图7-16 苍蝇飞行器（图片来自搜狐网）

（四）纳米巡航导弹

由于纳米器件比半导体器件工作速度快得多，可大大提高武器控制系统的信息传输、存储和处理能力，可以制造出全新原理的智能化微型导弹系统，使武器的隐蔽性、机动性和生存能力发生质的变化。如利用纳米技术制造的形如蚊子的微型导弹，可以不引人注意地潜入目标内部，其威力足以炸毁火炮、坦克、飞机、指挥部和弹药库。

（五）纳米地雷

这种地雷形同树叶，分量很轻，又称布袋雷，仅重50～70克，内装 30～50 克高能炸药，专门撒布在杂草、灌木丛里。该地雷由雷壳、装药、摩擦片 3 部分组成。雷壳为双层布袋，有方形和扇形两种，分绿、黄、白 3 种颜色。其装药成分为 50% 的黑索金、10% 的氯酸钾、10% 的铝铅粉、30% 的玻璃碴。摩擦片由多层纸压制而成，能起到增大摩擦的作用。当人踩上雷体的时候，由于玻璃碴与氯酸钾、黑索金相互摩擦而起爆。此外，还有一种地雷很像蝙蝠，外表为深绿色或棕黄色，雷壳用塑料制作，中间为引信室，一侧为炸药，另一侧为雷翼。炸药腔内装 6 毫升液体，引信室与炸药腔之间有一个小孔相通。雷上配有液压机械引信，当处于安全状态时，钢珠被限制圈阻止，不能外移，卡住击针，不能击发。当炸药受到大于 10 千克的压力时，钢珠限制圈上移，击针在击针簧作用下推开钢珠，击发雷管，使地雷起爆，可炸伤人的脚部。

（六）纳米核武器

在现代战场上，核武器仍然具有巨大威胁。除了作为战略威慑力量的核武器外，各种纳米战术核武器也陆续装备部队。当前比较有代表性的是以下三种纳米核武器。

一是 10 吨当量的钻地核武器，其弹头可钻入地下 10～15 米处爆炸，能够使 50 兆帕的压力传达到 25 米深的地下，即使到达 35 米的深度也有 250 帕。如此强大的压力能摧毁非常坚固的地下工事，而核爆炸所产生的冲击波对距离 100 米以外的建筑设施仅有轻微损坏，攻击针对性极强。

二是 100 吨当量的反导弹核武器，主要装配在地空导弹上。不仅能在高空准确拦截来袭导弹，而且其高强度的核辐射还能使来袭导弹的化学弹头、生物弹头失效。

三是 1000 吨当量的地地或空地核武器，能有效打击敌装甲和步兵集团。对坦克类目标致命杀伤半径约为 500 米，对步兵、炮兵及其他支援部队类目标杀伤半径约为 800 米。防御作战时，将这种小型核弹准确投放至敌先头部队，可以有效迟滞其进攻速度。

（七）纳米传感系统

纳米传感系统种类繁多，有的形如小草，内部装有传感器、照相机和感应器等设备，可用于侦察、监视和电磁侦测。实战应用时，可在敌方阵地上空投数以万计的纳米传感系统，用来实时掌握敌军动向。如美国研制的一种表面巨大且具有完全规则的纳米结构的超薄涂层，其孔隙只允许一定尺寸的分子通过。这种涂层可用于制作分子传感器，其检测分子的灵敏度比普通材料高 500 倍。另外，分子传感器还可以像猎犬一样记住特定目标的气味，实现千里追踪。如果与其他传感器配合使用，安装在武器的导引头上，就可制成微型个人攻击武器，根据敌军指挥员特有的气味信息来实现精确打击。

三、纳米武器的应用前景

纳米技术在军事领域的应用，使武器系统能耗更低、质量更轻、性能更强、作战效能更高。进入纳米信息时代，传统的作战样式将发生根本性变革，未来战场可能由数不清的各种纳米微型兵器担任主角。"纳米军团"作为一种全新的作战力量或许很快就会出现在未来战场上。纳米技术将改变未来武器装备和战争形态，使未来战争呈现微型战争新奇观。

（一）自动化水平不断提高，指挥效能大幅提升

计算机在军队的网络信息体系中起着核心作用，计算机性能的提高，必将促进指挥信息系统作战性能的提高。把纳米技术与生物技术

相结合，可制造出单个分子组成的线路和生物分子电子器件。可以预见，未来以纳米技术为核心的计算机处理信息的速度更快、效率更高。

（二）改善武器系统性能，实现高度智能化

量子器件的工作速度比半导体器件快千倍，因此用量子器件取代半导体器件，可大大提高武器装备控制系统的信息传输、存储和处理能力。采用纳米技术，可使雷达体积缩小至现在的数千分之一，能将超高分辨力的合成孔径雷达安装在卫星上，实施高精度的天基侦察。纳米技术也可以改善单兵装备。根据对材料性能和功能的要求，在原子量级的超微尺度上安排物质的原子，可将单兵装备做得既小又轻，而且更结实、更简便，能减轻士兵负荷，提高士兵的机动性和生存能力。

（三）探测能力大大增强，未来战场更透明

纳米侦察系统的应用使得探测手段更先进、形式更多样、范围更广、综合性更强，使得指挥信息系统的侦察预警能力、情报融合能力、信息处理能力等都得到极大的提高。纳米侦察设备将从多维空间对敌展开全方位、全天候、多层次的实时侦察，即使某一方向或部分侦察平台遭敌干扰破坏，其他方向的侦察平台也能及时补充替代，依靠综合手段完成侦察任务。

（四）技术优势非常明显，打击目标层次更高

与传统武器不同，纳米武器以敌方神经系统为主要打击目标，这是由现代战争的特点和纳米武器的优势决定的。信息化时代战争形态发生了根本性变化，一方面，打击手段越发精确、智能；另一方面，打击目标也从传统的工业生产设施转向信息系统。纳米武器由于具有超

微型和智能化的明显优势，对手的神经系统自然成为纳米武器的首选目标，通过纳米武器的精确攻击可以令敌方的宏观作战体系突然瘫痪。

（五）减少武器储备损耗，大幅降低战争消耗

传统战争中，战前庞大的武器装备储备是一笔不小的开支，而战争行动的实施过程更是消耗巨大。短短 42 天的海湾战争，耗资高达 600 多亿美元。而纳米战争则优势明显。一方面，纳米武器所用资源较少，成本相对低廉；另一方面，纳米战争透明度高，战争强度相对可控。少量技术水平高的保障人员和高度智能化的保障系统就可以维持一场"微型"战争。

（六）排列修改遗传密码，为基因武器奠定基础

人类控制基因的实现必须以纳米技术作为支撑，运用纳米技术可以重新排列遗传密码，并可运用纳米技术进行修改，通过基因重组制造基因武器。

第五节　基因武器

基因武器是指利用基因工程技术研制出的一种新型生物战剂。它是在基因工程的基础上，采用遗传理论，通过基因重组，把特殊的致病基因移植到微生物体内而制造出的新一代生物武器。从生物武器的发展看，基因武器也可称为第三代生物战剂。

一、基因武器的起源和发展

基因武器作为更高级的生物武器，它的起源和发展与人类早期运

用生物武器密不可分。或者说，基因武器是在第一代、第二代生物战剂的基础上，利用现代微生物遗传学和遗传工程学等科技成果制造的，具有更强作战效能的第三代生物战剂。

（一）第一代生物战剂——利用传染病毒进行的细菌战

利用病毒进行细菌战是人类在早期战争实践中，偶然发现进而加以利用的一种特殊作战手段。它通过将传染病传播给敌方军队，并使病菌在敌方蔓延，从而影响其战斗力，达到"不战而屈人之兵"的目的。

最早的生物战发生在 3000 多年前的欧洲，小亚细亚的赫梯王国派人将感染了兔热病的绵羊放入敌国传染瘟疫，以削弱敌军、消除威胁。

1346 年，鞑靼人围攻黑海附近热那亚地区的重要港口贸易城市——卡法城。热那亚人顽强抵抗，鞑靼人久攻不下。此时，鞑靼军队流行鼠疫，有人便建议，将鞑靼军队中死于鼠疫的尸体投入卡法城中。不久，卡法城中爆发了鼠疫，疾病迅速蔓延，热那亚人大量死亡，最终鞑靼人夺取了卡法城。

1763 年，在俄亥俄、宾夕法尼亚地区进攻印第安部落的英国军官亨利·博克特上校将从医院拿来的天花病人用过的毯子和手帕作为礼物送给印第安部落首领，几个月后天花在印第安部落大肆流行，英国人用这种阴险卑鄙的手段不战而胜。

（二）第二代生物战剂——利用人工技术培养病菌进行的生物战

20 世纪初，随着生物学和微生物学的发展，人类发明了细菌培养技术，掌握了提炼或人工制造微生物和毒剂的方法，人造或经人工加强的混合病毒及其武器迅速运用于战场。英国于1916年建立了世界上最早的生物武器研究基地；"一战"期间，德军将制造的马鼻疽杆菌及炭疽杆菌，用于感染协约国军队运输物资装备的牲畜。生物战的惨无人道，使得这种作战方式遭到世界各国人民的强烈反对。

1925年6月17日，国际联盟在日内瓦通过了《禁止在战争中使用窒息性、毒性或其他气体和细菌作战方法的议定书》，英、法、美、德、日等37个国家签署。但第二次世界大战期间，生物武器仍然被日本、意大利等国用于战场，给中国、埃塞俄比亚等国军民造成巨大的痛苦创伤。尽管《禁止生物武器公约》在国际社会得到比较广泛的认可，但生物领域的军事斗争从来没有停止过。随着人们对现代微生物学的深入研究，第二代生物战剂已不仅是原有的球菌、杆菌、螺旋体菌等病菌，还包括立克次氏体、病毒、毒素、衣原体和真菌等30多种生物战剂。

（三）第三代生物战剂——利用基因重组技术进行的基因战

从20世纪70年代开始，基因工程学异军突起，并很快在生物工程中占据一席之地。基因工程的本质就是把生物的遗传物质基因，即脱氧核糖核酸（DNA）的分子片段（图7-17），从生物细胞中分离出来，然后进行剪切、拼接和重组。换言之，就是对遗传基因进行人为的"嫁接"，将一种生物的基因嫁接到另一种生物体中，从而使后者获得新的遗传特性。

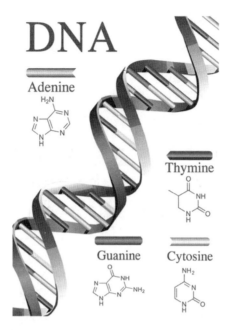

图 7-17 DNA 结构示意图（图片来自昵图网）

二、基因武器的特点

基因武器在生物战剂的基础上，进一步提高微生物的致病性和抗药性，增强病原微生物对环境的适应性，并且利用基因技术将病原体基因重组，从而引起异常复杂的中毒症状。与核武器和化学武器相比，基因武器对人类的伤害往往更大，特点也更加鲜明。

（一）制造成本低，杀伤威力强

据国外研究机构测算，建造一个核武器库大约需要花费 50 亿美元，而建造一个基因武器库，则只需要 5000 万美元，但两者威力却相差不大，从某种程度上说基因武器的杀伤效果甚至更强。美国曾利用细胞中 DNA 的生物催化作用，把一种病毒的 DNA 分离出来，与另一种病毒的 DNA 结合，拼接成一种剧毒的"热毒素"。仅仅 25 克就足以令全球 70 亿人死于非命，其威力比核弹大几十倍。因此，国外有人将"基因武器"称为"世界末日武器"。

（二）使用方法便捷，投放手段多样

基因武器利用生物技术重组，是由细菌、病毒或致病基因组成的多种微生物，其成品可以是气态、液态或颗粒状固态，也可以根据作战需要制成相应的规格形态。另外，基因武器可以通过单兵、火炮、导弹、气球等多种方式进行投放。

（三）保密性强，难治难防

基因武器是通过致病基因来感染人体的，而致病基因的遗传密码通常只掌握在制造者手中，别人很难在短时间内破解。由于基因武器感染杀伤过程极其隐蔽，其借助水、植物、动物、食品等媒介进行传播，可以在毫无察觉的情况下给对手以致命打击。所以，基因武器不易发现且难以有效进行防护，一旦遭受基因武器的攻击，往往难以补救。

（四）杀伤目标可控

基因武器的致病菌可以利用人种生化特征上的差异，只对特定人种产生致病效果，而对其他人种不起作用。换句话说，就是设计者可以有选择地利用这种武器对特定的人种进行杀伤，而不会伤害同环境中的其他人种。比如，运用基因武器可以只杀红褐色头发的人，也可以只杀矮个子或高个子的人。

三、基因武器的分类

（一）致病或抗药的微生物

按人们的需要通过基因重组，在一些致病细菌或病毒中人为地接入能对抗普通疫苗或药物的基因，生产具有显著抗药性的致病菌；或者在一些本来不会致病的微生物体内接入致病基因，从而制造一种新的生物战剂。

（二）种族基因武器

随着人们对人类基因组图谱研究的不断深入，人类逐渐掌握了不同种族、不同人群在基因上的差异性。种族基因武器就是针对这些特异性基因，投放相应病菌，用于攻击特定目标人种，甚至可能导致某一种族灭绝，其他种族的人却对这种病菌免疫。

（三）攻击人类的动物兵

通过研究能够攻击人类的物种的基因，并将其攻击基因转接到同物种其他分支上，从而培育出具有攻击性的动物兵群体。据国外媒体报道，将南美杀人蜂、食人蚁的基因进行破译，并把它们的攻击基因转接到普通的蜜蜂和蚂蚁身上，再将这些带有新基因的蜜蜂和蚂蚁进行克隆，可以成为大规模的动物兵。

四、基因武器对未来战争的影响和争议

随着科学技术的不断发展，基因武器的传染性、抗药性、致病性更强。致病菌也变得更加具有针对性，有的还可以作用于人体细胞和生殖细胞。因此，基因武器一旦投入使用，可能造成的后果难以估量。

一是战争的固有概念将发生变化。基因武器的出现，使敌对双方不

再依靠使用大规模"硬杀伤"武器交战，而是在战争全过程使用基因武器来破坏对方集体组织或生活环境，使其丧失战斗力，作战效能巨大。

二是"战略武器"与"战术武器"将会融为一体。基因武器一经使用，不仅会极大地削弱敌方战斗力，还可能使某一民族留下某种生理缺陷，甚至灭亡。

三是战略威慑作用会更加突出。基因武器具有比原子武器和化学武器更强大的威慑力，拥有基因武器的一方，通常会给对手造成极大的心理压力，使对方不敢轻举妄动，甚至可以达到"不战而屈人之兵"的目的。

四是战争的进展将变得更加难以掌握和控制。基因武器可使未来的战场变成无形的战场，敌对双方将很难掌握和控制战争的进程和破坏程度。

美国塞雷拉基因组公司董事长克雷洛·文特尔曾警告说："人类掌握了能够对自身进行重新设计的基因草图以后，人类也就走到了自身命运的最后边界。"有的专家认为，基因武器的研制过程可能会产生一些人类难以对付的致病微生物，进而给人类带来灾难性的后果。所以，他们向全球发出强烈呼吁，各国有必要采取紧急措施来制止基因武器的研制与扩散。人类一旦打开基因武器这只"潘多拉魔盒"，面临的将是巨大灾难，后果不堪设想。

2017年10月，俄罗斯总统普京公开表示，美国"有目的地、专业地"收集俄罗斯人的生物样本，普京进一步追问："他们为什么要这样做？"对此，美方解释说，其最大医疗部队——第59医疗部队的"先进分子监测中心"确实搜集了俄罗斯人的生物样本，但目的并不是制造生物武器。俄罗斯议员呼吁立法，加强对外资实验室收集生物材料的控制，以消除生物战对俄罗斯国家安全的威胁。他们认为，虽然还不能断言针对俄罗斯的生物战的具体准备情况，但很明显，准备工作正在推进，普京总统的警告是及时的。更值得警惕的是，美国在费心尽力收集其他国家遗传资源的同时，严防自己的任何遗传资源被他国获取。这些情况都应引起我们的高度警惕，应严密防范。2020 年 2 月 14 日，习近平主席强调要把生物安全纳入国家安全体系，进一步拓展了我国国家安全领域。

主要参考文献

[1] 薛海中，等 . 新概念武器 [M]. 北京：航空工业出版社，2009.

[2] 张伟，等 . 新概念武器 [M]. 北京：航空工业出版社，2008.

[3] 战仁军，等 . 非致命武器装备 [M]. 北京：国防工业出版社，2017.

[4] 禚法宝，等 . 新概念武器与信息化战争 [M]. 北京：国防工业出版社，2008.

[5] 李旭光 . 上帝之杖：是"神器"还是"鸡肋"[N]. 解放军报,2012-5-17（12）.

第八章　几款典型智能化装备的发展运用

任何新技术，只要可能用于军事就必然且往往不以人的意志为转移的先应用于军事。近年来，以人工智能技术为代表的颠覆性技术群，正在推进战争形态由机械化、信息化向智能化演变。现代战争逐步进入无人系统自主对抗、侦控打评秒杀立决的时代，一线作战"无人、无形、无声"的特征日益凸显。战场态势自主感知、作战设计自主交互、作战任务自主规划、作战行动自主响应、作战协同自主联动、作战效能精巧释放、作战效果自主评估、作战状态适时转换。现代战场上，人类和机器人、机器人和机器人作战的场景日益成为常态。人工智能武器化的趋势已势不可当，自主武器的智能化程度越来越高，威力越来越大。本章会重点介绍无人机、无人战车、无人潜航器三类智能化装备。

第一节　无人机的发展运用

无人机作为一支新兴的空中力量，以零伤亡、非接触、可远程作战等在现代战争中发挥着越来越重要的作用。随着能源技术、芯片技术、飞控技术、导航技术、通信技术、空管技术等各种技术难题不断突破，军用无人机逐渐由配角转变为主角，越来越频繁地出现在战场上，开启了革命性的战争新模式。

一、无人机作战优势明显

零伤亡——减小战争阻力

冷兵器战争、热兵器战争、机械化战争，包括信息化战争初级阶段，人始终是"战场有生力量"的主体，是一线搏杀决定胜负的关键。排兵布阵、谋略对抗、战法创新等，往往都以"消灭敌人、保存自己"为基本原则。降低己方人员伤亡，一直都是指挥员努力追求的目标。用无人机替代有人飞机执行高风险作战任务，是当今世界军事航天领域一个重要发展方向。从理论上讲，进攻方可以肆无忌惮地投入无人机遂行"亡命突击"，防御方即便大量击落来袭飞行器也难以削弱敌方战斗力和战斗意志。无论情报侦察、"外科手术式打击"，还是集群突击，无人机的"零伤亡"都让战争决策者倍感轻松，战争阻力大大减小。

低成本——提高作战效益

战争面貌的刷新，不仅不以人的意志为转移，而且比我们想象的快得多。随着新材料技术、3D打印技术、纳米技术等高科技的日臻成熟及在军事领域的广泛应用，各种型号的无人机、无人坦克、无人舰艇等发展迅猛且成本骤降。2015年底，俄罗斯在叙利亚战场上成建制投入机器人部队，配合叙利亚政府军强攻伊斯兰极端势力控制的754.5高地，这是世界上第一场以机器人为主的攻坚战。短短20多分钟，毙敌70余名，政府军方面仅4人轻伤。西方媒体惊呼：

"俄罗斯'终结者'军团现身叙利亚战场。"未来战场上极有可能出现铺天盖地的机器人军团，其仅凭数量和成本优势就可能让对手昂贵的精确制导弹药应接不暇，陷入"打不起"的困窘。

无疲劳——加快作战节奏

有人机的续航能力受飞行员生理极限的制约，巡航时间一般不超过 8 小时。海湾战争，美军 8 架 B-52 从本土起飞远程奔袭伊拉克，投弹后又返回本土，途中 6 次空中加油，共耗时 35 小时，创下有人机连续飞行的最高纪录。这样的高强度作战在空战历上极少出现。通常情况下，战术飞机单机一次出航时间为 4 小时左右，要保持空中力量存在，每天必须组织多次兵力接替。如果组织大规模空中战役，受制于航时，有人机每日行动出击只能是 2～3 个波次，且存在长时间的间歇。而大中型无人机的航时一般在 12 小时以上，经空中加油，滞空时间可超过 50 小时。"不知疲倦"的无人机完全可以打破传统作战周期，加快作战节奏，实施"无间歇"连续作战，极限施压，不给对手喘息之机，拖垮敌人。

智能化——开启精算模式

作为一种自运行飞行器，无人机在经历了人工遥控、自主飞行控制阶段后，现已进入"自主任务控制"的智能化高级阶段。2016年，围棋机器人"阿法狗"与世界围棋冠军李世石展开举世瞩目的"人机大战"，"阿法狗"最终 4:1 胜出。这是人工智能首次在人类最复杂的博弈游戏中挑战并击败最高级别的人类选手。在战争需求刺激下，人工智能在军事领域发展异常迅猛。开启精算模式的新一代无人机，不仅拥有精准的自主飞行功能，而且拥有强大的自主作战功能，对有人机形成了全面碾压之势。美国空军进行的分布式制空"系统族"

概念实验，1架大型隐身飞机与4架中型隐身无人机协同，与预警机支持下的8架F-22对抗，取得0：8的战损比！显然，人工智能赋予无人机的"高智商"是无人机的灵魂所在，也是其新质战斗力的源泉。

二、无人机运用战果频现

李代桃僵，诱敌开火。以色列是世界上制造无人飞行器种类最多的国家同时也是无人机战法创新的领跑者。1982年贝卡谷地之战，以色列使用独立研发的"参孙"和"妖妇"两款诱饵无人机，引诱叙利亚防空雷达开机瞄准，导演了一幕精彩的空战版"草船借箭"，配合侦察机、预警机、电子战飞机、战斗机、攻击机及地对地导弹等力量，短短几分钟就摧毁叙军19个防空导弹阵地，创造了压制防空作战史上的传奇经典。

单枪匹马，斩首奇袭。2002年11月4日，美国中情局侦得知"基地"组织头目哈里斯行踪。一架MQ-1"捕食者"无人侦察机根据线索很快发现并锁定目标，根据地面指令向其乘坐的越野车发射了一枚"地狱火"导弹，将包括哈里斯在内的6名"基地"分子全部歼灭。此次行动标志着无人系统的功能拓展——从侦察监视向侦打一体转变，同时也拉开了无人机空袭的序幕。世界各国越来越多地使用无人机对恐怖分子发动精准突袭。

蜂群出击，以量增效。2018年1月6日凌晨，俄防空部队发现13个小型空中目标向俄驻叙利亚海空基地快速运动，其中10架无人机飞近赫梅米姆空军基地，另3架飞近塔尔图斯港补给站。俄军立即反制：实施灯火管制并对来袭无人机发动电磁攻击和火力打击。电子战部队干扰迫降了6架，剩余7架被"铠甲S"弹炮合一防空系统击落，俄方声称没有任何伤亡损失。这是恐怖分子首次使用GPS技术、在50公里外发动的无人机蜂群攻击。此次袭击标志着无人机蜂群攻击时代来临。2019年9月14日，沙特石油设施遭多架无人机袭击，导致沙特原油供应每日减少570万桶，油价创下近4个月来的新高。蜂群出击，震惊世界。

猝然发难，定点清除。2020年1月3日凌晨，美军出动MQ-9收割者无人机发射3枚导弹，准确摧毁刚刚离开巴格达国际机场的伊朗"圣城旅"指挥官卡西姆·苏莱曼尼少将及前来接机的伊拉克什叶派民兵组织"人民动员部队"副指挥官马迪·穆罕迪斯的座驾。此次袭击行动，苏莱曼尼从下飞机到乘车准备离开机场，全程都被正在约9000米高空巡航的MQ-9收割者无人机追踪。据媒体报道，当苏莱曼尼乘坐的越野车通过机场外道路时，千里之外的美军操作员根据卫星回传的高清热成像画面确认目标。在无人机激光照射定位后，操作员根据指令按下了发射按钮，完成了对敌方高级将领的定点清除。

三、无人机发展"百花齐放"

更高更快。无人机诞生以来，高空高速一直是业内追求的目标。高空，使其安全性得以保障；高速，实现对时敏目标的快速打击。2万至10万米高空的临近空间，这一令人向往的空天交界处，成为各国无人机秀实力的新舞台。在新型气动布局设计和新型动力技术的支持下，临近空间无人机发展表现出强劲势头。美国液氢动力的"鬼怪眼""全球观测者"，英国太阳能动力的"西风"等临近空间无人机，已经突破一系列关键技术，向实用化、装备化发展。目前，美军速度达到3马赫的临近空间飞行器技术已日趋成熟，正在全面验证速度 5 马赫以上的临近空间空天无人机／无人飞行器，典型代表有美国陆军的 AHW 助推滑翔弹、美国空军的 X-37B 空天飞机等。俄罗斯高空长航时无人机的研制也有了新进展，除 BAS-62 新型战略战役无人机侦察系统外，还研发了两款高空无人机，一款名为 Sova 的无人机可仿效卫星执行高空持续监视任务；另一款无人机研制得到"Obzor-1"项目支持，已完成首台原型机的制造。

匿影藏形。无人机隐身化是未来发展趋势，隐身无人机可遂行抵近侦察，穿透性进攻等高端作战任务。美国空军研发的 RQ-180 全隐身无人机，在 F-117 隐身攻击机、F-22 隐身战斗机的基础上进一步提高全向宽频雷达隐身能力，可对抗来自各方向的低频和高频威胁。继美之后，法、俄等国也积极涉足该领域。"神经元"隐身无人机于 2018 年进入飞行测试阶段，开始进行飞行、数据链技术和武器系统测试。2019 年 2 月，俄罗斯设计媒体平台 VK 在网上曝光了俄军重型隐身无人机"猎人-B"，它采用飞翼布局，造型与美国 B-2 隐身轰炸机相似，由于采用了躲避雷达的设计和隐身技术，猎人无人机类似美国研发的 X-47B 隐身无人机及幻影线无人机，能穿透敌方防线发动空袭。外媒认为，这种新型无人机的出现，意味着在重型无人机研发领域，俄罗斯正迈入世界先进行列。

打扰并重。从当前到未来一段无法预测的时间内，电子战很可能是战争的决胜手段。无人机不仅要能遂行侦察、打击任务，还要能够进行电子对抗。一是诱饵无人机。可从地面、飞机、舰艇上发射，挂载有源或无源干扰设备、组合视觉、红外视觉特征增大器，模拟各种战机的电子信号及战术动作，引诱对方雷达开机，进而侦察敌方雷达位置和频段，典型代表包括美国海军 ADM-141 靶机改系列、美国空军 BQM-74 靶机改系列。二是电子干扰机。主要是分布式干扰机，使用多架小型无人机携带干扰设备，分区域散布于战场上空，实施高中低频全网覆盖干扰压制，仅用几架小型无人机即可达成1架有人驾驶大型电子战飞机的干扰效果。三是通信无人机。美国空军使用4架"全球鹰"无人机组网，组成伪GPS卫星阵，可满足3万平方千米区域内武器装备的卫星通信需求。俄罗斯也高度重视电子战无人机，研制了可实现对敌方战术通信设备压制、封锁GSM标准蜂窝通信以及使GPS导航失真的"海雕–10"无人机。

饱和集群。无人机"蜂群"作战虽然个体简单、控制分散，但能在实时变化的战场中通过自主协同组成强大的战斗集群，共同对目标实施打击，威力极大，已经引起世界各国的重视。2012年，美国海军就曾对"伯克"级驱逐舰遭受无人机"蜂群"攻击的情况展开研究，进行了数百次模拟实验。其他强国也在该领域积极研究探索。由欧洲6国共同研发的"神经元"无人机，隐身性能突出，综合运用了自动容错、神经网络、人工智能等先进技术，具有自动捕获和自主识别目标的能力，解决了编队控制、信息融合、无人机之间的数据通信及战术决策与火力协同等技术，实现了无人机的自主编队飞行，智能化水平较高，不仅能完成侦察、监视、通信中继和电子干扰等任务，更能采取多种方式实施对地攻击，战术反应敏捷灵活，攻击方式巧妙多变，令敌防不胜防。英国研制的新型"幽灵"无人机既支持单机使用，也支持集群作战，可在复杂的作战环境中"发现并锁定"视距以外的威胁，同时还有"观察和等待"模式，使其具备了巡飞弹功能。此外还具有自动导航、人在回路指控，抗干扰GPS导航、蜂群协同作战等功能。

第二节　无人战车的发展运用

无人战车系统是一个集环境感知和自主决策于一体的综合系统，集成了人工智能、模拟仿生、自主学习、超级计算、指挥控制等技术，是典型的高新技术综合体。在战场上无人战车能够代替士兵完成作战保障、精确引导打击、后勤与装备保障等军事行动和抗洪抢险、维稳处突等非战争军事行动。目前，"粗齿锯""角斗士""黑骑士""粉碎者"等新型智能无人战车接连现身，以及类似研发项目的成功立项都反映着一个事实，即随着自动控制、人工智能等技术的发展，越来越多的无人战车正加速奔向战场，从伴随支援、辅助作战发展到直接参战、主控战场，无人战车作为陆战场上"新势力"介入战争的力度或将进一步加大，并催生新型作战样式。

一、无人战车强势加盟，陆战场的"铁流滚滚"被赋予新的时代内涵

对于军用无人战车的研发，美国是涉足较早的国家，可以追溯到1983年，美军在越南战争中就运用无人战车完成了物资运输任务。经过40余年的技术发展，其无人作战车由半自动化向无人自主化发展，其外观由重型、老化的装甲作战车向轻便型无人作战车发展，作战半径由规模有限性向全球化发展。大量的无人战车被投入实战，执行巡逻、排雷、火力支援等任务，并取得了一定的成效。

俄罗斯相对在无人作战车领域起步相对较晚，凭借继承而来的强大工业和科学技术积淀，其无人战车的发展速度相当快，不仅研制出多型无人战车，而且已在地区局部冲突中将无人战车投入实战。2016年初，俄罗斯展示了3款"乌兰"系列地面无人车辆。在"西

方–2021"战略战役演习中，"天王星–9"无人战车被编入作战序列，配合特种部队完成了多项任务。

近年来，爱沙尼亚与英国联手研制的无人战车"忒弥斯"格外引人关注。"忒弥斯"车体长2米，采用油电混合动力，最长续航时间10小时，搭载的"保护者"遥控武器站配有"标枪"反坦克导弹和12.7毫米口径机枪。车体前部装有无人机发射器，能发射"黑蜂"微型无人机，与无人战车协同作战。"忒弥斯"的成功表明，研制无人战车并非各军事大国的"特权"，这种机械化、信息化、智能化交融的新型地面作战平台，也在"飞入寻常百姓家"，各国在无人战车的研制上形成了"你追我赶"的局面。

以色列研发的新型6轮无人战车，除感知与武器系统外，还加装有"铁拳"主动防护系统。凭借多功能机械臂，它能放飞与回收小型无人机，配合战车作战。

德国研发了"任务大师"全地形无人战车；乌克兰研制出"Phantom"无人战车，印度也称将研发具备遥控能力和一定自主行动能力的无人战车。

与此同时，无人战车相关在研项目还包括加拿大的"改进型地雷探测计划"，意大利、法国和西班牙联合开展的"先进移动机器人"项目，以及西班牙的"罗德"轮式无人地面车辆项目等。

此外，其他一些国家如澳大利亚、日本等也在纷纷加入无人战车研发行列。

与无人机的迅猛发展相比，无人战车近年来的发展虽略显"低调"，但可谓"步步推进"。有人战车独霸战场已成过去，无人战车的华丽登场，正在赋予陆战场"铁流滚滚"场景以新的时代内涵。

二、世界各国对无人战车愈发重视，发展特征日渐形成

凭借"无人员伤亡"的突出优点，无人战车早在二战时期就被用于进攻作战。由于潜力巨大，世界各国投入大量人力、物力、财力，多方寻求关键技术的突破，聚力打造更贴近实战需要的无人战车，其功能已不仅限于直接发动攻击，大量辅助型无人战车也接连问世。

效能明显提升。近年来，直接攻击型无人战车、辅助型无人战车、多功能无人战车的发展可谓齐头并进。无论是大型、中型，还是小型无人战车，其车载平台的机动力、可靠性、防护力、承载力日益提高，车上载荷的感知力、攻击力、信息传输能力也不断攀升。各国最初研发的无人战车，定位基本上是支援步兵分队，用于地面近距离作战。综观当前各国的无人战车，同一辆无人战车上搭载数种武器装备，同一个车载平台可换装不同类型的功能模块者屡见不鲜。载荷模块化的背后，是各国对无人战车综合作战效能的看重与追求。如今，不少无人战车搭载有反坦克导弹，有的甚至有了"新坦克终结者"的称谓。

自主能力增强。借力高科技增强无人战车自主行动能力成为各国的共识，当前一些无人战车已在这方面取得一定进展。例如，美军的"黑骑士"无人战车除手动操作外，还能够自动规划前进线路，规避障碍物；德事隆系统公司研发的RipsawM5无人战车能够依靠导航系统可应对不同的路况、场景，实现"引导跟随移动"和"越野移动"。尽管这些无人战车的自主化水平有限，但已在试验与使用中初显出其智能化的意义。

通用化、一体化程度提高。当前，借助通用控制技术，无人战车在控制、通信、数据、数据链等方面达到了更高的互操作性，进一步提高了作战效益。同时，有些国家通过无人系统发展路线图对

无人装备发展进行规划，在设计无人战车时，综合考虑陆、海、空领域无人系统的一体化发展，使其在技术协同、作战协同等方面保持一致。

初步尝试"联手"作战。如果说最初无人战车更偏重于增长"个人才艺"的话，那么如今无人战车发展已呈现出"个体强"与"集体强"兼顾的趋势。美军的"野外感知"无人战车在执行任务时，会先由"飞眼"无人机飞抵目标地域侦察，将图像实时回传无人战车系统，为实施打击提供依据。一些新型无人战车已开始在一定范围内试水"联手"作战。例如，以色列的"前卫守护者"无人战车就载有多部电视摄像机，配备有多个信息传输通道，能和其他无人设备实现数据互换。这类"新本领"，显然能使无人战车发挥更大作用。

三、打造真正的无人化"战"车，仍需跨越重重难关

智能自主水平尚需大力提高。当前，大多数无人战车带有"有限自主性"的特征。它们能够借助车载传感器、通信导航系统、自动控制设备及相关程序自动规划行进路线、躲避障碍物，发现、识别目标并发起打击，但在感知、分析、决策的高度智能化方面差距还较大。未来无人战车应是一种由人、机、环境系统相互融合为一体的智能无人战车。在执行任务前，技术人员对无人战车进行预先设置；在执行任务过程中，无人战车将根据不同条件下决策发现价值的区别，人与机器之间的理解将从单向转化为双向理解，从而在侦察巡逻中自主获取有用的情报信息，发现重要目标后自主进行决策，引导火力打击或自行对其进行摧毁；完成任务后，自主选择最优路线进行撤离。

需通过叠加赋能深度嵌入战场。当前无人战车凭借"无人"的特

点，发展比较迅速。但是，要真正与作战体系深度耦合，还需要进一步叠加赋能。当前由于技术有限，无人战车的功能有限，主要完成战场情报搜集、巡逻与侦察、排雷排爆、军事运输等任务。随着人工智能科技的发展，各类传感技术、无人武器平台的小型化发展和无人战车需从单一传统作战功能向多功能作战发展。未来战场上，无人战车不仅可以搭载各种致命武器和非致命武器配合士兵执行侦察巡逻、火力支援等任务，还可以单独执行火力突击、斩首破袭等作战任务。

高性能与低成本需要统筹平衡。无人战车除了可以降低己方人员伤亡外，"物美价廉"也是其优势。"无人"的特点，使其体形可以明显变小也更加机动灵活，但这种变化带来了一定的弊端，如动力不足、承载力、防护力不够等。事实上，不少直接攻击型无人战车的火力较有限，难以承担火力压制任务。一些无人战车的装甲较薄，甚至被军迷称作"脆皮"装甲。为此，一些国家试图在现役有人坦克的基础上打造无人战车，但这种改装要在性能与成本上取得平衡仍然较难。

需主动融入网络体系作战。未来战场必定是基于网络体系的联合作战，无人战车作为地面无人作战力量的重要组成部分，必然是整个网络体系的一个节点，与有人驾驶车辆、海上作战平台、空中无人战机、空中战机等其他指挥信息系统共同构成一个网络系统，在联合作战指挥所的指挥控制网络中发挥出最大作战效能。

四、着眼未来战争形态演变，确立无人战车作战运用指导思想

一是基于作战效果，实施灵活精确作战。无人战车系统优化了

人与系统之间的关系，可最大限度避免人类低水平操作造成的不利影响，甚至可在很多领域突破人类的生理极限。作战运用中，应重点围绕作战效果进行筹划，注重发挥无人战车系统适用目标广泛、行动方法灵活、便于隐蔽抵近、毁伤强度可控等优势，在有人装备不能为、不便为的地域，灵活精确地执行侦察、目标指示、打击等作战任务，以减少人员伤亡，提高作战效率。

二是着眼任务需求，采取混合编组模式。无人战车还处于起步阶段，数量规模、智能化水平较有限，不同系统往往针对不同的作战任务和战场环境。作战运用中，应突出作战任务的需求，根据任务需要整合作战功能，注重与有人战车混合编组、高低混搭，与任务部队的传统装备及相关作战力量功能互补、配合使用，编组各类地面有人无人系统作战编队，实现信息、火力和兵力相匹配，支援保障能力和作战能力相适应，确保无人战车与有人作战力量既能独立完成各自任务，又能相互协调配合，共同完成复杂任务。

三是融入作战体系，涌现体系作战能力。融入作战体系是发挥无人战车作战效能的必要条件。作战运用中，应注重将无人战车系统融入作战体系，推进与作战体系其他功能系统的综合集成，统一软、硬件技术标准，规范相关信息流程，形成各功能要素完备、各分系统之间无缝衔接的一体化、网络化信息系统体系架构。比如，可与侦察卫星、侦察无人机等空天侦察力量整体运用，发挥无人战车系统可抵近侦察的优势；可充分利用其目标引导功能，采用程序化、智能化的操作方法，与空地火力配合使用协同增效，提高作战体系的反应速度。

可以预见，一旦关键技术取得突破，世界各国的无人战车将加速成为地面战场上的新势力，从"打助攻"摇身变为新的陆战"主力选手"。

第三节　无人潜航器的发展运用

水下安全环境日趋复杂，水下威胁不断加剧，水下攻防作战体系面临巨大压力。以无人潜航器为代表的无人设备，在未来水下作战中的作用越来越大。无人潜航器（Unmanned Underwater Vehicle，UUV）是一种能长期在水下自主航行，依靠自带能源、自推进、遥控或自主控制，通过配置任务载荷执行作战或作业任务，能回收和反复使用的海上无人潜航器。早期的无人潜航器主要承担沉船打捞、深水勘探和海底电缆铺设等民用任务。随着20世纪90年代后相关技术相对成熟，无人潜航器成为各军事强国争相研制并投入作战运用的热点装备。

一、各国竞相研发

早期的无人潜航器主要用于民用领域，被用来代替潜水员执行深海探测、沉船打捞、水下勘探和水下电缆铺设等危险性水下作业。随着科技的进步，无人潜航器发展到几乎可以不受海底水文环境的影响，在水下长时间执行多种任务。至此，各国军队逐渐意识到其在军事领域的潜在价值。

无人潜航器进入军事领域，可追溯到20世纪40年代末期。当时，美国海军开始研制一种名为"CURV"的遥控式无人潜航器，用于寻找并回收海中的失事飞机和其他设备。

20世纪80年代，无人潜航器的功能和性能得到了大幅提升。各国军队持续在无人潜航器领域投入人力和资源，加速无人潜航器技术的创新与发展，逐渐形成了全球范围内你追我赶、百舸争流的局面。据统计，20世纪90年代末，全世界已有15个国家在研究和发展无人水下航行器技术。

美军在无人潜航器技术和军事应用层面都处于世界领先水平，进入 21 世纪后提出了发展计划蓝图，明确其发展目标是建立全自主工作的无人潜航器舰队，并计划在 2030 年前实现不同级别无人潜航器协同发展的水下联合舰队，实现执行反潜、反水雷、侦察监视、情报收集等多样化任务的能力。

俄罗斯不断加大对无人系统的投入力度，新一代无人潜航器自成体系快速发展，其目前主要有"大键琴"系列大型无人潜航器、专门用于模拟潜艇物理特征的"赝品"无人潜航器、"朱诺"小型无人潜航器等。值得关注的是，其研发的"波塞冬"核动力无人潜航器具有长时间水下航行能力和巨大的打击力，主要用于海上战略威慑和战略打击等。

除美国、俄罗斯外，英国、法国、德国、挪威、日本等国作为"新成员"也取得了很多研究成果，典型装备包括"自动潜航"、"泰里斯曼"、"奥尔斯特"系列、"深度 –C"、"休金"系列、MT–88 等具体型号。总的来说，各军事强国无人潜航器装备技术发展各有特色，并在动力性能、通信导航、水下探测等关键技术领域与美军水平相当或接近。

二、作战优势突出

与其他有人作战平台相比，无人潜航器具备以下明显的优势。

一是隐蔽性能好，生存能力强。无人潜航器普遍体积小、重量轻，加之动力系统大多依靠电池、海浪能提供，其噪声辐射和电磁辐射等特征信号相对较弱，不易被探测发现。此外，无人潜航器的下潜深度可达数百米至数千米，从而大大提高了水下生存能力。

二是续航时间长，适用海域广。大型及超大型无人潜航器的自身续航距离可达几百千米甚至数千千米；小型无人潜航器通常采取被水面舰艇、潜艇等有人平台携带布放的方式，可以分批多波次出动，从而进一步扩大作战海域，增加作战时长。

三是使用风险小，使用成本低。由于采用"无人系统"，无人潜航器非常适合执行各种高度危险、环境复杂以及人员难以持续承受的作战任务。同时，由于造价相对低廉，无人潜航器与有人作战平台相比作战使用成本更低，具有良好的经济可承受性。

基于以上优点，目前无人潜航器的作战运用主要有以下几种典型样式。

一是情报侦察监视。无人潜航器能够搭载包括声呐、光学摄像头等在内的各种传感器设备，在敌方领海内进行长期隐蔽侦察，了解目标区域的海底地形、敌方军事设施、舰船活动等情况。具体来说其既可作为单个平台独立完成水下侦察监视任务，也可作为水面舰艇/潜艇的前置传感器，前出至危险区域执行前期勘察任务，增加母舰/艇探测范围和对敌方目标的反应时间。具体应用场景包括对复杂海域或重要水道的自主性侦察，对敌方重要港口或海岸区域的封锁性侦察，对特定重要目标的拉网式搜索侦察。

二是反水雷/布雷作战任务。反水雷/布雷作战是无人潜航器可行性较高的运用样式。反水雷主要利用无人潜航器体积小、机动性好等特点进行工作。对于布放有水雷的水域，无人潜航器可抵近搜索，获取清晰的图像信息，由指挥中心专家组进行分析研判，可更加精准地探雷、扫雷。即便以自杀方式引爆水雷，损失也相对较小。布雷作战是无人潜航器携带水雷载荷，由己方港口出航或由潜艇投送的方式自主航行至敌方港口外侧、关键水道等指定区域，发挥其隐蔽性高、布雷范围广的优势，进行集群攻势布雷，达到封锁毁伤敌高价值水面舰艇的作战意图。

三是水下潜伏式自主作战。无人潜航器作为一种大航程、高隐蔽性武器平台使用时，利用其隐蔽性好、潜伏周期长的优势，可长期预置在重点海域或海上要道，保持低功耗的被动搜索状态。无人潜航器可以为水下自主作战平台提供目标指示信息，辅助其完成攻击等任务。一旦发现敌大型潜艇、航空母舰等高价值目标，立即激活战斗模式，并使用自身携带的鱼雷、导弹等武器载荷对目标实施近距突击，取得出其不意的作战效果。依托无人潜航器进行主动攻击或主动转移欺骗，将传统的被动防御转化为主动防御，极大地提升水下自主作战平台生存、攻击能力。

四是水下通信等战斗支援任务。无人潜航器作为平台使用，搭载不同装备在水下执行不同任务，如目标指示、通信中继等。当需对目标进行远程打击时，无人潜航器可充分利用其隐蔽性机动至目标附近，执行目标指示任务，辅助远程打击。不同作战平台之间的通信，特别是涉及对潜通信时，虽手段有限，但可利用无人潜航器作为中继，实现潜艇与卫星、指挥中心、水面指挥中心等的连接，在保证潜艇隐蔽性的前提下，扩大其通信范围及速率。

三、发展前景广阔

纵览各国无人潜航器装备技术发展现状和实际作战运用，为更好担负水下攻防作战任务，无人潜航器未来将继续向以下几个方向发展。

向深海远程长续航发展。随着能源、导航等技术的进步，发展、改进及应用全海深、长航程无人潜航器已成为各海洋科技强国的目标。许多国家的无人潜航器开始转而使用锂硫电池和锂空气电池，还有部分国家使用核动力能源用于支撑无人潜航器运行。这种能量密度高的能源结合推进与减阻等技术，可显著提升无人潜航器续航力。适应深海应用场景的组合导航技术正获得重点发展，通过高效率、高精度水下导航来支撑无人潜航器深远海作业。

向智能自主方向发展。自主能力有限是当前制约无人潜航器发展的主要障碍。面对日益多样、灵敏的水下感知手段及更加复杂、多变的作战环境，反潜型无人潜航器精确探知与识别水下目标，指挥控制型无人潜航器协同其他水下无人平台作战等，都需要进一步提升自主能力。2021 年，美国海军发布的《智能自主系统科技战略》一文中指出，面对日益多样、灵敏的水下感知手段以及更加复杂、多变的作战环境，无人潜航器需要进一步提升自主能力。目前，不少大型和超大型无人潜航器正在改变以往辅助侦察、攻势布雷等作战形式，提高直接作战能力，执行协同作战任务。例如，美国"虎鲸"无人潜航器和俄罗斯"波塞冬"无人潜航器已经能单独攻击目标，并且威力巨大，其中"虎鲸"无人潜航器还在朝着电子战领域发展。

向网络化、协同化和集群化发展。无人潜航器尺寸小、航速低，单位时间机动范围小，探测和水声通信距离短，单无人潜航器的作战和作业范围非常有限。多无人潜航器组成一体化侦察、探测、打击网络，协同作战和作业，是提高其作战能力和作业效率的有效手段，也是无人潜航器发展的必然趋势。当前，大型、超大型无人潜航器发展呈现出"一专多能"趋势，未来它将作为海上网络中心战的一个节点，被赋予水下战场侦察、中继通信、投送特种作战力量、进行信息战或对时敏目标发起远程打击等功能。与其他无人作战平台协同也是其未来定位之一。中小型无人潜航器的发展则将继续"百花齐放"，以不同体量及载荷来遂行不同任务，并逐步实现水下"蜂群"攻击的构想。这些需求，势必会拉动无人潜航器呈现明显的"集群"发展特征。

主要参考文献

[1] 尚敦敏，麻晓晶，王文岳. 无人潜航器驶向水下战场 [N]. 解放军报，2022-11-18(9).

[2] 潘宣宏，汤梦周，黄力鹏. 无人潜航器：闯入水下战场的"黑马" [N]. 解放军报，2024-4-26(9).

[3] 刘俊彪，史飞. 无人潜航器：水下作战的"尖兵利器" [N]. 中国国防报，2022-3-15(4).

[4] 孙彧，潘宣宏，王幸军，等. 无人潜航器装备技术发展及作战运用研究 [J]. 舰船科学技术，2023(21)：104-109.

[5] 刘洋，周江平，王希晨，等. 无人潜航器在水下攻防作战中的应用分析 [J]. 海军工程大学学报（综合版），2021(2)：84-88.

[6] 张犟，王冶. 无人机：飞向战场更深处 [N]. 解放军报，2020-7-17(8).

[7] 张犟，王冶. 无人机发展进入"群雄逐鹿"新时代 [J]. 当代海军，2020(12)：57-59.

[8] 刘刚，廖富平，曾建伟. 无人战车加速驶向战场 [N]. 解放军报，2022-10-21(11).

[9] 朱成贤，毛勇，徐晓. 智能无人战车在未来作战中的应用研究 [J]. 现代防御技术，2019(2)：6-11.